Dage med mildhed, modgang
og mirakler

Hella Joof

Dage
med mildhed,
modgang
&
mirakler

En almanak

GYLDENDAL

DAGE MED MILDHED, MODGANG OG MIRAKLER
© 2018 Hella Joof og Gyldendal A/S

Illustrationer: Hella Joof
Forlagsredaktion: Leila Vestgaard
Omslag: Alette Bertelsen/aletteb.dk
Forfatterfoto: Privat
Grafisk tilrettelægning: Kat·Art
Bogen er sat med Life

Trykt hos Nørhaven, Viborg
Printed in Denmark 2018
ISBN 978-87-03-08708-5
1. udgave, 2. oplag

Gyldendal
NonFiktion
Klareboderne 3
1001 København K
www.gyldendal.dk

MIX
Papir fra
ansvarlige kilder
FSC® C104608

Kære Du,

Du kan læse denne bog fortløbende eller bruge den som opslagsværk. Eller værk og værk. Det er måske bare en venligt ment opslagsbog. Det er oplevelser, jeg har haft, og deraf afledte tanker, jeg har tænkt i løbet af et år, eller nok snarere i løbet af et liv. Om glæde og lykke og fortvivlelse og sorg og forstemthed. Og vrede ikke mindst. Puha, hvor har jeg været stiktosset! Midt i alle følelserne har jeg siddet iført min tænkehat og tænkt tanker. Nogle af dem mange gange. Andre er strøtanker. Jeg håber, du kan bruge nogle af dem, og at de vil kunne bringe klarhed på områder i dit liv, hvor du føler dig forvirret. Ja, og forvirring på områder, hvor du føler dig på sikker grund. Ikke for at spænde ben. Mere fordi det ikke er så farligt at være på bar bund. Det er faktisk et rigtig fint sted at befinde sig. For så kan alt ske.

Det håber jeg, det gør for dig.

Jeg ønsker dig mildhed og mirakler. Modgang kommer af sig selv, og det er så fint, så fint. Den får ens livsmuskler til at vokse.

I kærlighed
Hella

JANUAR

KROPSDAG. Kroppen er et tempel. Javel ja. Men ens krop er edderrødme også noget af en tilbygning at slæbe rundt på. Og kroppen er hyllet i smerte. Især når man er kvinde, altså født cis-kvinde med æggestokke og livmoder og slimhinder og skamlæber, nej lystlæber, nej kønslæber, for det er ikke altid lysten, der driver læben, og kønskrans og kønsvorter og herpes og skrig og skrål og presseveer og ømme bryster og sprukne brystvorter, som er fem centimeter lange og helt mørkebrune, fordi man ikke kunne sætte grænser for amningen, og ens barn blev ammet, til hun kom i gymnasiet. I det hele taget har denne bogs forfatter ikke været nogen ørn til at sætte grænser, når det kom til det kropslige. Alle de fejltrin. Alle de værtinde-samlejer, med opmuntrende stønnen, fake-orgasmer og hudafskrabninger i yoni. Ubeskyttet sex, som ikke var udløst af tøjlesløs liderlighed, tværtimod primært forårsaget af høflighed. Alle de fyre, som jeg overhovedet ikke var for femogtyve øre forelsket i, men alene gik i seng med på grund af min gode opdragelse, som lød som et mantra i mit hoved, fra jeg blev kønsmoden: *Kom nu, det ku' du godt, der går ikke noget af dig, han vil så gerne, og sæden skal jo ud.*
Kære alle piger og kvinder og drenge og mænd og

alle de andre køn. Man skal aldrig gå i seng med nogen af høflighed eller medlidenhed. Det kommer der ikke noget godt ud af. Man kan gå i seng med folk af venlighed, barmhjertighed og selvfølgelig kærlighed. Kærlighed kombineret med drønende liderlighed og dunkende puls og store pupiller og mundtørhed, fordi al væske er trukket sydpå, er den allerbedste forudsætning for et langt helsebringende samleje, som man kan huske længe efter. Med en man kender navnet på. Jeg er ikke ude i et bagstræberisk ærinde om, at vi skal sove med hænderne over dynen. Eller at vi skal være jomfruer, når vi bliver gift. Gud forbyde det. Men vi skal have værdigheden tilbage i det erotiske. Sex må gerne have karakter af elskov, hvor ordet elske jo titter frem. Bare et lille skvæt kærlighed til den, vi deler vores krop med. Og til os selv. Det er nemmest at tilvejebringe, hvis man ikke skammer sig, men skam er vi ikke altid damer og herrer over. Selvom vi råber op om retten til fri sex, er det ikke sikkert, at vores krop er med på løjerne, for kroppen har sin egen erindring. Der kan være indlejret gamle fortællinger om skam i den, og de kan ikke bare bolles væk. De skal elskes væk. Det skal skam i det hele taget. Og skyld, og alle de negative følelser, vi går og bakser med i vores stakkels forpinte kroppe. De skal elskes væk.

Men af hvem? råber du fortvivlet op mod månen. *Hvem skal elske mig med mine lange asymmetriske bryster og mine lår, som ligner budding. Hvem skal elske min uperfekte krop? Jeg kan jo ikke engang selv*

7

holde ud at være i stue med den. Det skal du, min ven, og vi begynder i morgen.

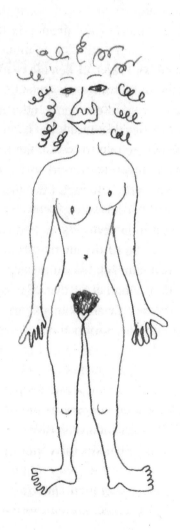

SELVKÆRLIGHEDSDAG. Du kan

i dette øjeblik gå ud på badeværelset og hente noget massageolie. Eller kokosolie i fadeburet. Eller smør i køleskabet, hvis der ikke er andet i huset, så længe det er økologisk, nej, ved du hvad, hul i det, konventionelt smør går an. Nu tager du alt tøjet af og stiller dig foran spejlet. Du skal åbne øjnene. Jo, du skal. Så hælder du olie op i din ene håndflade og varmer den ved at gnide hænderne mod hinanden. Og så smører du dig ind i dejlig varm olie, mens du ser på din krop og taler til den, ligesom du ville tale til et lille barn, som er vågnet fra et mareridt og tror, at verden er ond, og der ligger et giftigt farlighedsmonster under sengen. Du ved selv bedst, hvilke ord der trøster, ellers er her et forslag:

Kære krop,
du er min bedste krop.
Tak fordi du lægger hus til min sjæl.
Tak fordi du er der for mig,
når jeg ikke er der for dig.
Tak fordi jeg kan give med mine hænder.
Og modtage.
Og kærtegne, kramme og kilde.

9

Tak for mine bryster, som har givet die.
Tak for min mave, som er blød,
og som en elsket person
kan lægge sin kind på.
Tak for mit venusbjerg
og mine lystlæber,
der omkranser de fine fligede fugtige rosenblade.
Tak for min klitoris,
som er en kilde til evig fornøjelse.
Tak for min vagina,
som er varm og blodfyldt
og fuld af muskler.
Tak for min røv,
som har sit eget liv.
Som ofte har befundet sig i klaskehøjde.
Som skifter form
efter årstider og alder.
Den har været god at sidde på,
når jeg har været træt.
Tak for mine fødder og ben
som bærer mig rundt i livet.
Tak for mit ansigt,
som jeg kender ud og ind.
Tak, fordi mit ansigt af og til skaber glæde
i andre ansigter,
når vi mødes i mængden.
Tak for mit hår.
Og min hud, som er fyldt med nervespidser,
så jeg bedre kan mærke livet.

10

Både når det gør ondt,
og når det gør godt.
Tak.

GRØD-DAG. Den står på vand og grød, så vi kan få maven i orden. For du har spist alt for meget i julen. Mennesket lever ikke af grød alene, men af hvert ord, som udgår af Guds mund (Matthæusevangeliet kapitel 4, vers 4, cirka).

OPSKRIFT PÅ EN VELSMAGENDE GRØD

Tag en kop grovvalset havregryn, og hæld vand på i en tykbundet gryde. Kog. Tag af komfuret. Hæld nødder og rosiner og bær på. En smørklat smør, så din hud ikke bliver tør. En knsp. salt. Et nip kanel?

Velbekomme.

ØNSKEDAG. Hvad er det bedste, du kan forestille dig? Et hus på landet? Børn? En tur i hundeslæde over indlandsisen? At skifte spor? Hvad er forhindringerne? Man får ikke altid, hvad man ønsker sig. Men man kan blive bedre til det. Selvfølgelig kan du vælge at ønske dig noget, som under ingen omstændigheder kan lade sig gøre. Sådan kan man være sikker på at blive skuffet. Mange mennesker har skuffelsen som fast følgesvend. Det har jeg selv haft. Den var min eneste faste partner i mange år. Hvis du tit er skuffet, er det ikke sikkert, at det er fordi livet og universet og andre mennesker har rottet sig sammen mod dig. Måske skal dine ønsker og dine muligheder kalibrere. Hvis du ingen ben har, bliver et maratonløb besværliggjort. Hvis du er tonedøv, bliver du nok ikke operasanger, og dog, jeg kender en pige, blottet for rytmesans, som kom ind på skolen for moderne dans ved hjælp af stædighed. Og der er jo også kloge folk, som siger, at talent er en illusion, at det er flid og de *ti tusind timer*, der gør forskellen. Jeg tror nu alligevel, det er meget godt, at der er kongruens mellem ens ønsker og ens ressourcer. På den anden side, Beethoven komponerede sin niende symfoni, efter han var blevet døv, Oscar Pistorius

13

deltog i OL med to underbensproteser. Vi mennesker kan jo overvinde de mest vanvittige forhindringer, hvis vi beslutter os. Men hvad ønsker du dig? Skriv det ned på en seddel, og begynd med at beslutte dig for at skabe mulighed for, at dine ønsker går i opfyldelse. Fjern lige så stille forhindringerne, ligesom man luger ukrudt i jordbærbedet. Mange forhindringer er inde i dit hoved og når du fjerner dem, falder tingene på plads. Læs sedlen om et år, og se, hvor meget der er gået i opfyldelse! Bed, så skal du få. Søg, så skal du finde. Bank på, og der vil blive lukket op for dig. Ikke altid og ikke af alle. Men det betyder blot, at du skal være villig til at handle, til at ville *ville*. Og så er der nogen, der hører dig i den anden ende.

KEDSOMHEDSDAG. I dag skal du tillade dig at kede dig. Ikke gribe ud efter mobilen, selvom der er en pause, bussen er forsinket, eller din kedelige kollega fortæller om sin weekend. Intelligente børn keder sig ikke. Mage til vrøvl og vestlig propaganda. Det er godt at kede sig. Det skærper ens bevidsthed, og det er den, vi skal have styr på. Ligesom da man var barn og sad på bagsædet og råbte *hvornår er vi der?* og ens muskler og knogler værkede af bar kedsomhed, og man så pludselig fik øje på et insekt, der bankede mod ruden for at komme ud og fortabte sig i dets overlevelseskamp. Eller i geografitimerne, som var det værste, jeg vidste, med grafer over temperaturforskelle og landkort og *ligger Østrig ved siden af USA?*, som min veninde troede, indtil hun var langt oppe i tyverne, og pludselig havde man tegnet et sørøverskib. Kedsomhed er en vidunderlig kraft, den tvinger ens bevidsthed ud på nye stier, kickstarter ens hjerne, skaber en brændende kedelig platform og katapulterer ens tanker ud i nye spændende galakser.

HELLIGTREKONGERSDAG. Ud

med det juletræ. Der er alligevel ingen nåle på det, fordi du købte rødgran. Ædelgran næste år.

DE ANDRES SKYLD-DAG. Det er de
andres skyld i dag. For de har aldrig forstået, hvilket fantastisk menneske, man er. De har taget en for givet. De har ladet en i stikken, når man havde brug for en hjælpende hånd. Har ladet en sejle sin egen sø. Når man tænker på, hvad man har gjort for dem. Ofret og hjulpet og stået bi. Det her er så takken. Men hvis det er sådan, klaveret spiller her i saloonen, så er det sådan. Så er man hende, der sidder her uden at fortrække en mine, på en tegnestift, som visse personer har lagt på ens stol. For der er aldrig nogensinde nogen, der har spurgt, hvordan man har det. Aldrig nogen, der har taget sig af en, og man er til grin for sine egne lommepenge. Alene, ene og forladt i det her, som vi åbenbart har aftalt at kalde verden. Hvis det skal være på den måde, vil jeg hellere have pengene. For så kan man i det mindste gå i Lagkagebageren og købe noget til den søde tand og spise alene, mens man har ondt af sig selv.

VINTERDAG. Sneen knaser under dine fød-
der. Solen hænger lavt. Det er så hvidt herude. Du
trækker den friske kolde luft ned i lungerne og traver
rask af sted gennem skoven, trækkende ungerne på en
kælk med hunden ved din side. Lusene i børnenes hår
dør på grund af frosten. Hvilken herlig årstid. Sådan er
det én dag om året. Så bliver sneen brun eller gul. Du
vader i sjap til anklerne med stikkende isslag lige i fjæ-
set og snot ud ad næsen, som du har givet op overfor.
Lad det løbe, du kan tørre det af, når du kommer hjem,
eller på søndag. Eller når det bliver forår.

TUDEDAG. I dag må der grædes. Lad tårerne
få frit løb. Hvis det er svært at komme i gang, så hent
et rødløg i køleskabet, og hak det fint med vidt åbne
øjne, mens du inhalerer løgmolekylerne. Græd over din
skilsmisse. Dine svigt. Dengang du kastede en sko efter
din eksmand og smadrede det store facetslebne spejl for
øjnene af din toårige datter, som den dag i dag er bange
for spejle. Græd over din egen miserable barndom, din
mors alkoholmisbrug, din fraværende far. Dine neder-
lag i matematiktimerne og på boldbanen. Græd over, at
du som patruljeleder fik kørt Det Røde Kobbel i sænk,
fordi du absolut ingen lederevner havde, før du blev 45.
Græd over dengang, du blev mobbet i femte og viste dig
som et svagt menneske, der prøvede at købe dine bød-
ler med slik og slesk tale. Græd over, at det ikke virke-
de. Græd over dengang, du blev overfaldet i Irma af et
rockerpar, som brækkede din næse og overøste dig med
racistiske tilråb, mens alle Frederiksbergdamerne stod
og så på i deres slacks og cashmererullekraver. Græd
over bagvaskelse, shitstorme og ydmygelser. Græd,
hulk, skrig, gnid aske på dine kinder, flæng din skjorte.
Og så tørrer du øjnene og laver en god bolognese. Du
kan sagtens genbruge det rødløg.

MIRAKELDAG. Du vågner tidligt ved lyden af sne. Sætter dig op i sengen. Der er isblomster på ruden, og der er helt stille. Du skutter dig, pakker dynen omkring dig og går hen til vinduet, ånder på glasset og laver et kighul. Og så ser du hende, Snedronningen i sin kane på vej væk i fuld fart. Tilbage i din lune seng ligger du og betragter din elskede, som sover med små pust gennem næsen. Du smiler ved tanken om, at den troldsplint, du havde i øjet de første 35 år af dit liv, heldigvis er grædt ud. Nu kan du se verden og andre mennesker uden at lede efter fejl.

VENNEDAG. I dag vil du sende dine venner en kærlig tanke. Du vil række ud efter dem gennem breve, sms'er eller du vil banke på deres dør. Du kan eventuelt invitere dem på te og dadler. Fortæl dem, hvor højt du elsker dem. Begræns brugen af ordet 'jeg'. Sig 'du' eller 'I'. Tal om alle de gange, de har reddet din røv, og om, hvor kloge de er, og hvor meget du har lært af dem. Tak dem for, at de har båret over med dig, når du var en dårlig, uopmærksom ven med hovedet oppe i din egen røv. Uddel hjemmelavede medaljer med deres navn på. Fæld en tåre over venskabets ukrænkelighed.

OPRYDNINGSDAG. I dag vil vi rydde op et sted. De fleste af os får trætte øjne, når vi skal rydde op, fordi ens mors stemme runger i ørerne, *ryd op efter dig, ryd op på dit værelse.* Ord betyder noget. Så vi kan kalde det *at lave pænt.* Når man har rodet i køkkenet, så laver man pænt til næste gang, man selv, eller en anden, kommer ud og skal lave en klapsammenmad. Altså: I dag skal vi rydde op/lave pænt. Du bestemmer selv. Det kan være i en skuffe. Måske den med fortrængningspapirer? Ligger der et brev om noget el, der skal aflæses, eller et vedrørende en frimærkeforseelse? Har du har sat syv kroner for lidt i porto på et brev, og nu skylder du PostNord 160 kroner, fordi de var så venlige at sende brevet alligevel mod et lille gebyr plus moms og afgift. Jesus! Moms af en afgift? Tænk hvilken hjerne, der har udtænkt det system. Hun kunne have drevet det vidt som kunstner. Eller skal der ryddes op/laves pænt i et skab? Eller i kisten med udklædningstøj? Det sidste er hurtigt gjort. For det er bare at åbne den og kigge ned i den og se, at alt er, som det skal være. Der er præcis den mængde af klæd-ud-tøj, som der er behov for p.t., og det ligger hulter til bulter, som den slags tøj jo skal.

STRIKKEDAG. Find din strikkekurv og slå nogle masker op. Strik lidt på må og få. Føles det ikke godt? Er der nogen, der trænger til en smart poncho i garnrester? Det er der altid nogen, der gør. Hvis det er for omfattende et projekt til din stramme kalender, eller hvis du ikke har så meget garn, så laver du bare en dukkeponcho. Så kan du også bruge det garn, der kradser. Dukker er ligeglade.

HJEMMEDAG. Se dit hjem i dag. Se de bille-
der, der hænger på væggen, flyt måske rundt på dem,
så du kan genopdage dem. Se på dine møbler og dine
gardiner. Glæd dig over dit hjem. At du har en base,
du altid kan trække dig tilbage til. Måske mangler du
plads og vil gerne flytte. Men derfor skal du stadig ære
dit lille hjem og passe det og velsigne det, så er det
nemmere at finde noget større.

FRIHEDSDAG. Lyt til Doctor Kings *I have a dream*-tale. Lyt til Aretha Franklins *Freedom*, og kom i stemning. Lyt til Obamas *Yes we can*-tale. Lyt til Liva Weel, der synger *Man binder os på mund og haand*. Læs *Tilværelsens ulidelige lethed* af Milan Kundera. Glæd dig over, at du lever på jorden lige nu, hvor så mange mennesker har så høj en grad af frihed. Ikke alle, vi er der slet ikke endnu. Men vi er på vej. Hvad kan du bidrage med? Kan du slække på de tøjler, du holder dine kære i? Kan du uddelegere ansvar på arbejdet? Kan du hjælpe en presset veninde ud af et voldeligt forhold? Hvis vi vil frihed, må vi skabe frihed for andre. Amen.

NØRDEDAG. Fordyb dig i noget. Noget om plantefarvning af uld med kaktuslus? Noget om det menneskelige genom? Noget om Sokrates? Research. Find bøger frem. Gå på nettet eller biblioteket. Kig i mikroskop. Ring til din gamle geografilærer og hør, om du må kigge forbi med en jordbærkage og spørge ham ud om morænelandskaber. I aften er du klogere, end du var i morges.

SKEEN I DEN ANDEN HÅND-DAG.

I dag tager du skeen i den anden hånd. Du ved selv hvilken ske og hvilken hånd.

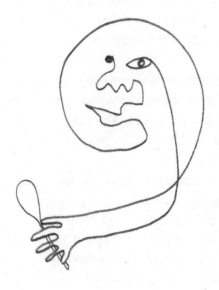

AFSLØRINGSDAG. Ja, i dag må vi holde
tungen lige i munden. Er der noget, du har erfaret fra
en pålidelig kilde, som kan få en afgørende betydning,
hvis du afslører det? Kan du ødelægge et ægteskab?
Kan du vælte en regering? Kan du få en højtstående
person fyret eller en rival indlagt på røde papirer? Kan
du endelig få ram på en, som har ydmyget dig offent-
ligt? Og nu sidder du inde med *exhibit a* og *exhibit b*,
som det hedder i amerikanske tv-serier. Tænk dig godt
om, min ven. I hvis navn er det, du handler? Vil du
redde nogen? Forhindre fremtidige overgreb? Eller vil
du bare have, at retfærdigheden sker fyldest? Det er
selvfølgelig værdige formål. Men igen, i hvis navn? Bli-
ver nogen stærkere eller klogere eller lykkeligere, så fyr
den af. Eller handler det om god gammeldags hævn?
Øje for øje tand for tand-hævn. Altså, det er jo helt
accepteret mange steder i verden og filmkunsten, men
tænk dig om, uanset hvad dine forældre har lært dig.
Bliver verden et bedre sted, eller bliver alle bare en lil-
le, eller stor, smule kede af det? Nogle hemmeligheder
skal have lov til at være hemmelige. Sovende hunde
skal bare blive liggende.

HAIKUDAG. I dag skriver vi haikudigte, de behøver ikke være med udgivelse for øje. Så svært er det heller ikke, eller jo, det er det, men øvelse gør mester. Simple regler. 5 stavelser. 7 stavelser. 5 stavelser. Digtet skal handle om noget. Naturen, en følelse eller en bevægelse. Gerne i kombination. Jeg lægger ud:

Ansigtet sorgsprængt
lyden af hoves hamren
smil gendanner mund

Min elskede kom
i nat, se mine øjnes
fryd, de løb i vin

Kys på mine lår
bjerget badet i måne
mælket sne smelter

MORGENDAG. Er først i morgen, så husk hvad en klog mand engang sagde på et bjerg: Du skal ikke bekymre dig om dagen i morgen. Hver dag har nok i sin plage.

PIPPI-DAG. På med de store sko, og hiv fletnin-
gerne ud af postkassen. Op på Lilla Gubban med hr.
Nilsson på skulderen. Og husk hvad Pippi siger: Det
har jeg ikke prøvet før, så det kan jeg helt sikkert.

SØNDAG. Vi skal rigtig hygge os i dag med tændte stearinlys og ild i brændeovnen. Måske er der en, der bager pandekager, og en, der henter tissedynerne og tager dem med ind i sofaen. Og vi ser noget åndet på YouTube, og en falder i søvn, mens den anden læser avis. Og hvis man har lyst, kan man tage et fælles karbad og sutte på hinandens tæer, hvilket lyder lidt ulæx, men rent faktisk er en overraskende stor nydelse, især for modtageren. Bagefter kan vi frottere hinanden og ligge sammen og stirre hinanden ind i øjnene og planlægge, hvad vi skal bruge pengene til, hvis vi vinder puljen på 573 millioner i Eurojackpot.

FEJEDAG. Fej, hvor der trænger til at blive fejet.

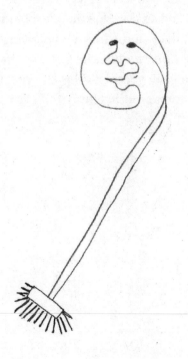

FEJE FOR EGEN DØR-DAG. I dag
skal der fejes. I modsætning til andre fejedage, skal du koncentrere dig om din egen dør og dit eget fortov. Og dit eget liv. Det skal fejes og prydes. Men hvad der ligger foran de andres dør, skal du ikke blande dig i, medmindre du bliver opfordret. Hvis nogen anråber dig med ordene: *Kommer du ikke lige over med din kost?*, må du selvfølgelig godt det. Men det er foran din egen dør, der har førsteprioriteten.

UNDERDAG. Der er ikke noget at gøre. I dag er du under niveau, under bundlinjen. Du kan ikke formulere dig, dit hår sidder virkelig dårligt. Det bliver ikke rigtig til noget. Gå i et med tapetet, det er det, man har tapet til, ellers ville man jo nøjes med at male. Ræk ikke hånden op i undervisningssituationer. Geråd ikke i diskussioner om klimaforandringer, for du kan ikke huske data. Gå direkte hjem fra arbejde og på hovedet i seng uden aftensmad. I morgen er der atter en dag.

ATTERDAG.

TILBAGEEROBRINGSDAG. Er noget

blevet taget fra dig? Dit selvværd, din uskyld, din tro på mennesker? Råb *aflever!*, og påbegynd tilbageerobringen. Det er ikke gjort på en dag. Det kan tage lang tid, men beslut dig for at få det tilbage. Er det materielle ting, som måske endda er stjålet? Din turkise cykel, som du var så glad for. Nogle gange er man heldig og finder den i en gade ikke så langt fra, hvor man bor, låst fast til en lygtepæl, fordi tyven ikke vil risikere, at den bliver stjålet, jævnfør ordsproget tyv tror, hver mand stjæler. Så låser man den fast med en endnu større lås og ligger på lur, og når tyven kommer tilbage efter cyklen og står og klør sig i skægget, forvirret over dobbeltlåsen, så træder du frem og foretager en civil anholdelse og ringer til politiet, som siger *nå*. Så må du lade tyven gå, efter du forgæves har forsøgt at få ham til at angre. Men han siger også bare *nå*. Ejendomsretten gælder ikke for cykler længere. Men skidt, *you are not here to police the world*, som jeg hørte en klog dame sige. Og heldigvis fik du din cykel. Så er der også håb for selvværdet, uskylden og din tro på mennesker.

DETOX-DAG. Du må på nettet. Det der detox er ikke min spidskompetence.

TOX-DAG. Her er jeg til gengæld på hjemmeba-
ne! Drik som et hul i jorden. Ryg smøger med menthol-
klik og franske inhaleringer, ryg eventuelt bag din egen
ryg, så du ikke opdager det. Bagtal nogen imens. Se
insta-stories, mens du er på wc. Spis blandselv-slik. Gå
på Tinder, mens din kæreste sidder i sofaen ved siden
af dig og nusser dine fødder. Se noget snasket porno,
mens han sover. Lig lidt og had dig selv. Du kan ikke
sove med alt det gift, du har i blodet. Kapituler. Gå ud
på badeværelset og tag en Stillnocht. Idiot.

OLE MADSENS DAG.

Jeg har en ven, som hedder Ole Madsen, som altid spørger, om han skal *gi' en hånd med*. Ham vil vi have som forbillede i dag. I dag er udgangspunktet, at du hjælper til, hvor der er brug for dig. Og det er der mange steder. Tag en rask beslutning: I dag er jeg til rådighed. Jeg gi'r en hånd med. Til alle mulige mennesker, jeg ikke kender. I dag vil jeg bidrage og gøre dagen bedre for nogen, jeg ikke har mødt endnu. I dag vil jeg være en gave til mine medmennesker. *Det kan jeg jo ikke vide*, tænker du lorent, men det kan du sagtens vide. Vi kan godt planlægge, at vi er til rådighed, hvis der spontant skulle opstå en mulighed, hvor et menneske ved siden af os har brug for hjælp. Vi kan planlægge det allerede om morgenen, når vi ligger og overvejer at blive i sengen med noget fingeret blodhoste, fordi der er morgenmøde, og det er glasskårsregnvejr. At give en hånd med er en enkel og billig måde at vende en dum dag til en god dag. Og det genererer hjælpsomhed, fordi lige tiltrækker lige. Den, der hjælper, vil selv blive hjulpet. Er det ikke dejligt at tænke på!

SUPPEDAG. Der er intet som en varm tallerken suppe på en kold vinterdag.

KARTOFFEL-PORRESUPPE MED BACON

Veganerne kan springe bacon over og rive noget bark ned i suppen. Skræl nogle bagekartofler. Kog dem til smat i ikke for meget vand. Skær porrer i stykker og steg dem i smør, ikke for længe, bare så de bliver bløde. Salt og peber. Hæld det hele i en stor gryde og blend med stavblenderen. Hæld noget piskefløde i eller sødmælk, hvis du synes, ellers bare noget kogt vand, indtil du synes, den har den rigtige konsistens. Varm suppen op. Den må ikke brænde på. Slet ikke hvis der er mælk eller fløde i. Steg noget dejligt italiensk bacon eller noget dansk, vi skal jo ikke snakke med det (onkelhumor). Servér suppen med bacondrys og purløg og noget godt brød, som nogen har bagt. Eventuelt bageren, hvis du er bageudfordret.

FEBRUAR

ERKENDELSESDAG. Der er ingen vej udenom i dag. Du bliver nødt til at erkende overfor dig selv, at der simpelthen er ting og sager i dit liv, du ikke har styr på. Jeg ved ikke, hvad det er, du kæmper med, men jeg døjer selv med noget selverkendelse omkring parallelparkeringer. Jeg har aldrig forstået princippet og kan ikke afstandsbedømme generelt. Det lykkes nogle gange, men det er mere held end forstand. Jeg var heller ikke i skole den dag, de andre lærte at dividere med store tal. Jeg er nødt til at gå på nettet og lære det en gang for alle. Jeg drikker for meget rødvin i weekenden. Jeg har muligvis en udiagnosticeret opmærksomhedsforstyrrelse. Kan finde på at gå midt i en samtale. Tabe tråden og sige mærkelige ting ud i det blå, fordi jeg glemmer, hvad folk spurgte om. Måske skal jeg udredes og have noget medicin? Men det er jo gået nogenlunde indtil nu. Puha, det hjalp. Nu er det erkendt, nu kan jeg gøre noget ved det. Så er det din tur.

CREMEDAG. Du må en tur i Lagkagebage-
ren og købe en fastelavnsbolle, den gammeldags med
creme. Ikke noget nymodens pjat med rabarberskum
eller blåbær, lakrids eller, Gud forbyde det, mynte!
Mage til skrivebordsidé! Nej, den klassiske, med fed,
gul creme ud over det hele. Køb mange, der er rabat, så
du får fem for 345 kroner.

CREMEDAG 2. Smør dig ind i creme. Eller få nogen til at creme dig.

LATTERDAG. Du vågner med et højt grin, fordi du drømte en virkelig sjov drøm, i hvilken Gøg og Gokke var blevet ekspedienter i din lokale Matas og noget med en fra din gamle folkeskole, mere kan vi ikke afsløre her, for det er virkelig træls at høre om andre menneskers drømme, medmindre man får penge for det. Le højt, mens du står under bruseren, pas på du ikke kommer til at inhalere dråberne. Fnis, mens du bruger tandtråd. Kluk under nyhederne, og lyt til en podcast i bilen på vej til arbejde med Louis C.K. (jo, det kan du godt, han er ikke en *predator*, han har bare gokket over for to voksne kvinder for tusind år siden, og de blev nok ikke traumatiserede, det er jo bare onani med et ufrivilligt publikum, det er inden for skiven). Grin højt ad din kedelige chefs sløje jokes. Klask dig på lårene, og dunk ham anerkendende i ryggen. Skogger- le, mens han, forvirret over sin uventede succes som standupper, trækker ind på hjørnekontoret. Fnis i bu- tikker. Le ad slud og trafikkaos. Grin dig i søvn.

SISYFOSDAG. Ja, det er noget møg med den
sten. Vi føler med dig og ville egentlig gerne give en
hånd med ved oprulningen. Men det er *din* sten. Det er
en opgave, *du* har fået. Og ja, det ser ikke videre ret-
færdigt ud, og jo, vi forstår godt, at du er træt i armene.
Kan du overveje noget meditation, imens du ruller ste-
nen op på bjerget? Nej, ved du hvad? Hvad med at du
simpelthen vender situationen på hovedet og lader det
være succeskriteriet, at stenen ruller ned, hver gang du
har rullet den op? Tag røven på Zeus. Fløjt og le højt,
og klap i hænderne, når den ruller ned. Ligesom folk,
der står på ski, de tager jo også liften op på bjerget ale-
ne med det formål at løbe ned. Ja, indrømmet, en lidt
søgt vinkel. Men hvad har du at tabe? Er det ikke altid
bedre at være medafsender af sin egen skæbne?

FORTRYLLELSESDAG. I dag brækker
du en gren af et træ og snitter en tryllestav. Fortryllel-
sespulver kan man købe i de fleste velassorterede ma-
terialister. Ellers kan de blande det til dig på apoteket.
Du kan også lave det selv: *En del flormelis, en del fint
Himalayasalt. Rød fugtfarve eller lidt rødbedesaft. Lidt
blåbærsaft. Det hele blandes godt og lægges på bagepa-
pir og tørrer.* Derefter knuses det med en kagerulle og
hældes i en lille læderpose, som du også selv kan lave:
Skær en cirkel med en diameter på 15-20 centimeter.
Lav huller med cirka tre centimeters mellemrum rundt
i kanten. Træk en lædersnor gennem hullerne. Hæld
fortryllelsespulver i posen, og gem den i en lomme. Nu
kan du gå ud i verden og trylle. Men du må kun trylle
gode ting frem.

ROSEDAG. I dag skal du rose andre mennesker. Men du kan passende begynde med at rose dig selv. Sikke nogle kønne øjne du har, og hvor bor du pænt! Du er også en rigtig god og gavmild ven. Du har grønne fingre og er god mod dyr. Godt, så fik vi det på plads. Ros din nabo, og kvitter for hendes chikke frisure og smarte buksedragt med et *velklædt som altid*, når du møder hende på trappen. Ros buschaufføren for den sikre kørsel. Ros dine kollegaer og din chef for deres måde at være på, og råb *ha' en fortsat god dag*. Ros maden i kantinen. Når det er fyraften, og den kurdiske rengøringsdame møder ind, roser du hende for den fremragende rengøring og hendes blanke hår. Ros ekspedienten i supermarkedet, og ros dine børn, fordi de er så søde og ikke plager om slik. Ros din mand, fordi han har hentet pizzaer, og fordi han generelt er et vidunderligt menneske, som får dig til at grine og ved, hvordan du bedst kan lide at blive kælet for.

BITTERDAG. I dag må du gerne sidde og
skumle over alle de uretfærdigheder, du har været
ude for i dit liv siden den hårdhændede modtagelse på
Rigshospitalet, hvor jordemoderen, som var tilhænger
af det gammeldags fødselsregime, gav dig et uforholds-
mæssigt hårdt klask i din lille nyfødte numse for at få
dig til at hoste slimen op og trække vejret ned i dine
nyudfoldede lunger. Derefter hurtig, brutal afnavling
og det skarpe lys fra en lommelygte lige i bærret. Ikke
underligt, at man periodisk har udvist tegn på tidlig
PTSD. Din barndom, hvor du i årevis blev tvunget til
at spise op af din mors vampyrkæreste, som ikke kun-
ne lide andres børn og hvæsede *kostforagter*, selvom
du brækkede dig ned i tallerkenen, og din mor, som
bare sad der og så ned i sin tallerken og ikke ville øde-
lægge den gode stemning. Som aldrig havde været der.
En sadistisk pædagog, som tvang dig til at spise sli-
met havregrød på koloni med fritidshjemmet og lod
dig sidde alene ved morgenbordet i to timer, fordi du
ikke kunne. Tarvelige kammerater, som afslørede hem-
meligheder for hele klassen om noget med en fyr, du
næsten havde bollet med. Veninder, som scorede din
kæreste for næsen af dig, mens du lå og brækkede dig

på toilettet, fordi du altid har været dårlig til at dosere alkohol, og stadig er det. Hån og spot. Forbigåelser. Løgnagtige rygter. Dårlige anmeldelser. Dårlig løn. Dårlig sex. Fuck dem. Alle de røvhuller, som du har måttet finde dig i indtil i dag. Al den uretfærdighed. Flot, du stadig står oprejst. Så længe det varer. Du er velkommen til at lægge dig med et slumretæppe. Du har ved Gud været hårdt spændt for.

HÅRDAG, GOD. Hvis du har en god hårdag, så af sti af sted med udslået hår, eller du kan sætte det op til narrestreger. Sørg for at være velhydreret. Det er godt for hud og hår, og det klæder de fleste med hud og hår. Hvis du er en af dem med meget kraftigt hår, så prøv at lade være med at sige ting som *aj, jeg har fået seneskedehindebetændelse af at flette mit hår*. Eller *tænk, at det stadig er fugtigt, jeg vaskede det i morges*. Måske sidder din tyndhårede veninde ved siden af og prøver at holde på skydespændet, som langsomt men sikkert glider ud af hendes sparsomme hårpragt. Ingen grund til at fodre dyret med de grønne øjne.

HÅRDAG, DÅRLIG. Hvis du har en dårlig hårdag, kan du tage en hue på eller et tørklæde, eller være ligeglad og glæde dig over, at du overhovedet har noget hår. For hår bestemmer selv, om det vil sidde fast i hårsækkene, eller om det hellere vil sidde i hårbørsten eller på hovedpuden eller blive skyllet ud i afløbet, hvor det laver hårboller, som ingen gavn gør i en moderne husholdning. Det ved jeg faktisk en del om:

Engang tabte jeg mit hår. Jeg havde købt nogle nikkelbefængte ørenringe i en billig butik. Mens jeg sad på en restaurant og spiste en herlig 400 grams ribeye med nogle venner, blev mine øreflipper røde og begyndte at klø, det bredte sig til halsen og jeg blev meget varm og begyndte nærmest at koge i hovedbunden. Jeg pillede ørenringene ud af ørerne og tænkte, at det nok gik over. Men pludselig sad hele bordet og stirrede nervøst på mig, for mine ansigtstræk var så småt ved at udviskes, og der var bred enighed om, at jeg måtte en tur på skadestuen. Jeg kom til med det samme, og al gang foregik i løb, for sundhedspersonalet var bange for, at jeg skulle få anafylaktisk chok. Lægen gav mig en sprøjte med noget kraftigt antihistamin, og jeg blev indlagt til observation. Efter nogle dage var mit ansigt faldet på plads igen. Efter tre måneder begyndte mit hår så at falde af. Ikke i store totter. Mere sådan lidt jævnt over det hele. Min læge kunne ikke udelukke, at hårsækkene havde fået sig en ordentlig forskrækkelse i forbindelse med ørenringe-allergien. Men alle var lidt rådvilde, og jeg fik taget nogle blodprøver, som ikke kom opklaringen nærmere. Imens dryssede mit hår lige så stille af, og jeg var i en tilstand af tavs panik. Det lå på puden om morgenen og sad i hårbørsten, når jeg børstede det, hvilket jeg hurtigt holdt op med. Jeg tænkte, at det nok var noget psykisk, for jeg havde haft en ubarmhjertig sommer med knust hjerte og vægttab og manglende livsmod. Men håret blev ved med at falde af, også efter at hjertet var helet. Til sidst kunne jeg ikke lide at røre ved mit hår. En dag kom jeg ud af badet, og da jeg så mig i spejlet, opdagede jeg, at jeg stadig havde shampoo i håret. Jeg havde fortrængt mit eget hår. Kunne ikke overskue at mærke, hvor tyndt det var blevet.

Da jeg fortalte min bedste ven Troels om shampoo-oplevelsen, sagde han, *jeg kommer om en time*. Og han dukkede op medbringende en pakke med en meget flot elektrisk barbermaskine i krom, som han havde købt til mig i Magasin, og sagde, *hvis du alligevel skal være skaldet, er det bedre selv at bestemme hvornår*. Vi lagde et badehåndklæde over mine skuldre, og så barberede han mit hår af.

Jeg gik på en hårklinik, som ellers havde gode resultater med alle mulige andre ulykkelige klienter, primært kvinder, og brugte mange tusind kroner på forskellige

55

produkter, men intet hjalp. Jeg tænkte på et tidspunkt, at så var det sådan, det var, så var jeg hende med det 0,5 millimeter lange hår og de flotte hatte, som jeg fik lavet hos en modist i Store Kongensgade. Det varede i to år, så kom mit hår pludselig tilbage uden forklaring. Hvis der er noget, der ikke kan være anderledes, så er det godt at tage ejerskab over det. Summa summarum: Man kan sagtens have en god, dårlig hårdag, selvom man ikke har hår. Så længe man ikke har et helt fladt baghoved. Eller nej, også selvom man har.

FLADT BAGHOVED-DAG. Tag turban på.

UNDSKYLD-DAG. Det er aldrig for sent at
sige undskyld. Man kan også sagtens sige undskyld til
nogen, man ikke bryder sig om. Man behøver ikke at
fastholde en latterlig udtalelse eller et underlødigt an-
greb på dem, med eller uden bund i virkeligheden, bare
fordi man ikke kan lide dem, selvom det er fristende.
Er du kommet til at sige noget grimt om nogen, som
har såret dem eller gjort dem rasende, så sig undskyld
ansigt til ansigt eller send en sms. Eller flot dig med et
brev, eller ja, du ved, hvad jeg mener. Et brev kommer
jo ikke nødvendigvis frem i disse for PostNord så tran-
ge tider. Men tag eventuelt et billede af brevet og sms
det til modtageren.

Jeg sendte engang med 15 års forsinkelse et brev til
min tidligere underbo og undskyldte for alle de abe-
fester, jeg havde holdt uden at sætte en seddel op i op-
gangen i god tid. Eller bare i dårlig tid, så hun i det
mindste kunne være taget på hotel eller op i sit som-
merhus. Jeg skammede mig sådan over, hvor selvopta-
get og ung jeg havde været, og det afholdt mig fra at
sende det brev, før alle cellerne i kroppen var udskiftet
to og en halv gang. Til sidst kom det af sted. Og tænk,
jeg fik det sødeste brev tilbage. Alt var tilgivet, og hun

syntes faktisk, at det var blevet kedeligere i opgangen, efter jeg var flyttet. Det sidste var nok ikke helt sandt, men sødt var det. Det er aldrig flovt at give en undskyldning, der er intet statustab forbundet med det. Det er til gengæld flovt ikke at ville tage imod en. Tiden læger alle nabosår, hvis man selv vil. Sikkert også i Mellemøsten.

OMSORGSDAG. Omsorg er sådan et dejligt ord. Vis omsorg.

VALENTINE'S DAY. Hvis du har en kæreste, kan du lave stemning og *candlelight dinner* med livretter, lyserød champagne og et vådt, internationalt blowjob, der trækker spytguirlander, som min ven Troels siger. Det kan de fleste godt lide. Hvis du ikke har nogen kæreste, så sæt Chet Baker på, og læs en bog, eller ryd op i dine krydderier. Lad være med at dyrke andres lykke på sociale medier. Dels bliver du deprimeret og føler dig uafhentet, dels lyver de. Og husk, i morgen er der atter en dag.

ATTERDAG.

BARNDOMSDAG. I dag skal du erindre en
god barndomsoplevelse. Måske er det intet problem,
for din barndom var en lang succesoplevelse. Tillykke
med det. Men måske er du en af dem, der skal tænke
sig om, for du har fortrængt det meste af din barndom.
Men giv tid, der er helt sikkert sket noget, som kom-
mer ind under kategorien 'lykkelige barndomsminder'.

Her er mit: Jeg husker ikke, hvor gammel jeg var,
men jeg ved, at min ældste kusine var næsten voksen,
så hun har nok været fjorten. Min yngste kusine og min
fætter var store men stadig børn, måske var de otte og
ti, og jeg var lille. Og alligevel gad de lege! Vi legede
konge og dronning og prinsesse, og jeg var prinsessen
med lang klæd-ud-kjole fra lågkisten, arvet fra oldemor
i Skibby. Den lave vintersol faldt ind gennem vindu-
et i værelset med skråvægge, og støvkornene hvirvle-
de rundt i lyskeglen, og alt det ved jeg med sikkerhed,
selvom jeg ikke var noget visuelt barn. Så måske er det
en efterrationalisering? Måske varede det hele efter-
middagen, måske gad de kun lege en time. Men det
føltes som en uendelig evighed af ublandet lykke.

SMILEDAG. Alle får et smil. Du kan med fordel lade smilet sidde hele dagen, så du ikke hele tiden skal skrue det af og på. Det er skiftet til og fra neutralt eller surt ansigtsudtryk, der giver muskelspændinger. Et heldagssmil er uanstrengt. Du vil erfare, når du ligger i din seng i aften, at det har været en god dag, og at du er blevet mødt af søde, smilende, positive mennesker i modsætning til i går, hvor mange var afvisende.

DEN STORE BADEDAG. Kom så, du skal i vandet.

Der er ingen vej udenom. Det kan godt være, at du ikke er bikiniklar, eller at der er is på Øresund, men det skulle du have tænkt over noget før. Pak en taske med en termokande med varm lumumba og en badedragt, eller bad nøgen, op til dig. Nogle gange er det faktisk pænest uden tøj, især hvis man ikke er helt skarpt skåret. Nøgen ligner man bare en bortløben croquismodel eller en af Ib Spang Olsens Nanette-tegninger. Du kan eventuelt tage noget panodil eller smøre hele kroppen med lidokaincreme. Den er god mod smerter i forbindelse med hæmorider, og balletdanserne bruger den til fødderne. Den kan også tage noget af ubehaget ved at nedsænke sit luksuslegeme i isserkoldt vand. Kom, bare gør det. Sådan, flot, og op igen! Ikke ligge for længe, så dør du bare. Og skynd dig så ind i sauna. Ikke skamme dig over din krop. Du har lige udført en heltemodig handling. Din krop er helt perfekt, og du er her endnu, og husk, der næsten altid sidder en mand, som heller ikke er stolt ved situationen, hvis han lige har været i to grader koldt vand. Smil til ham og blink med det lange lys, hvis han ser sød ud. Ellers vender du bare ryggardinerne til.

SOVEDAG. Bliv i sengen. Tag en halv time på den ene side, så en halv time på den anden. Og så på ryggen en time til halvanden, som elskede Niels Hausgaard synger. Søvn er helbredende. Du kan sove dig til glattere hud og flere penge. Udhvilede mennesker er bare generelt mere *likeable*. Man kan desværre ikke sove på forskud. Men sov længe, når du kan, eller gå tidligt i seng. Kom hviledagen i hu. Tag en skraver i sofaen eller i hængekøjen. I toget, hvis du er pendler. Væn dig af med at forbinde det at ligge og snurre med negative udtryk som at drive den af og fise husleje. Bare rolig, vi løber ikke tør for hektiske folk, som vælter ud ad sengen klokken fem om morgenen, fordi de skal tjekke mails eller spurte rundt om søerne. Hvis du har små børn, er din søvn i forvejen kompromitteret, så sov, når de er i institution, eller hos din eks. Sov uden skyld, og du vil blive et gladere og mere tolerant menneske.

LANGSOMHEDSDAG. Bevæg dig i slow-
motion. Svar med langsomme sætninger, og udtal alle stavelser. Påregn, at folk går deres vej midt i dit syv minutter lange svar på spørgsmålet om, hvad klokken er. Lav slow-food. Se prøvebillede eller pejsevideo.

KONFLIKTDAG. I dag er der reelt en konflikt. Måske med dine kolleger, I ser tilsyneladende tingene vidt forskelligt. Hvad driver dig? Hvordan kommunikerer du? Siger du dobbeltnej og nægter at lytte? Det kan ikke betale sig. Der er ingen af os, der kender hele billedet. Vi er nødt til at samarbejde, det er det, der har drevet menneskeheden fremad. Eller er konflikten med din partner, og er du dybt skuffet over, at han ikke opfatter tingene på sammen måde som dig? Føler du, at det er et svigt? Må jeg spørge dig om noget? Har han samme livret som dig? Samme yndlingsfarve? Samme musiksmag? Næppe. Måske er det sådan, han ser verden. I må slå plat eller krone. Eller du kan stille et ultimatum, men det vil jeg ikke tilråde. Vi har alle haft en forskellig barndom, og vi ser verden gennem forskellige øjne. Heldigvis. Hvis du elsker ham, så lyt, vi kan ofte høre, hvad der ligger under hinandens ord, når vi lytter. Og de fleste mennesker vil gerne have, at deres partner er glad og har krølle på halen, men de vil hverken hundses med eller udskammes.

FORTVIVLELSESDAG. Du er fortvivlet i dag. Du er forladt, forarmet, forvirret. Dit liv er gået i kluddermor, i skuddermudder. Du er konen i muddergrøften. Dine nærmeste har vendt dig ryggen. Du er tyk og grim og uønsket og har dårlig ånde af sorg. Sæt Sebastian på. Lyt til *Hvis du tror du er noget*. Lyt til *Luca* med Susanne Vega. Didos dødsarie af Purcell. *Nothing compares 2 U* i Sinéad O'Connors version. Læg dig i fosterstilling. Lig, til du får ondt i ryggen. Rejs dig, tag et bad, og børst dine tænder. I morgen er der atter en dag.

ATTERDAG.

GIV SLIP-DAG. I dag må du gå ind i Lagkage-
bageren som det første, du gør. Du kan bare tage en
jakke over din pyjamas. Eller høje sko, så tror folk, at
du har pyjamas på på fashion-måden. Du må faktisk
gerne allerede stå klar foran butikken, når den åbner.
Du må købe en, nej fem choko-rug og spise to af dem
i bilen på vej hjem. Lave kaffe og spise de sidste tre,
mens du planlægger, hvad du skal have til aftensmad.
Men dagen er endnu ung, og der er længe til aften. En
formiddagssnack er i den grad noget, der skal priorite-
res. Kæmpe frokost med fiskefilet med remoulade og
et ordentligt glas vin. Måske en oversøisk Chardonnay.
Og en vaffelis med flødeskum og syltetøj og guf og flø-
debolle. Indisk take out. Og de gode Sarah Bernhardt
med makronbund, mens du blunder på sofaen med en
ordentlig madskid på til en *rom com* om nogle kokke,
som konkurrerer, mens de er hemmeligt forelskede i
hinanden. *Bon appétit.* I morgen har du fastedag. No-
get for noget.

FASTEDAG. I dag drikker du kun vand. Du må gerne koge det, sådan skal det heller ikke være. Og smid eventuelt en skive økocitron i, så det bliver lidt mere festligt. Når sulten gnaver, så tillad følelsen. Du behøver ikke blive bange. Det er ikke farligt at være sulten. Det kan rent faktisk skærpe kreativiteten. Mange gode ideer er kommet til sultne mennesker. Lyt til din maves knurren. Det er en sang, som har lydt siden menneskehedens barndom. Forlig dig med følelsen af at være sulten. Du er det frivilligt. Du bestemmer selv. Der er mad i køleskabet. Lad det blive der. Ikke fordi du er tvunget til det, men fordi du vælger det. Du bestemmer.

KLÆD-UD-DAG.

Vi kan lige så godt komme ordentligt i gang og vise, at vi mener det, så i dag ifører du dig noget flamboyant. Måske en flot hat med gemsefjer, som nogen har glemt i din sofa til en fest og aldrig hentet, så du har vundet hævd. Eller en lang kjole og en regnfrakke udover. Eller en gulvlang pels. Eller en turkis toreador-jakke. Når folk i banken stirrer på dig, fordi du mest plejer at gå i marineblå jakkesæt og et diskret slips, så smiler du varmt til dem og laver flamenco-tramp i gulvet og råber *olé!*, hvis du føler, at der følelsesmæssigt er dækning for det på kontoen. Ellers slår du afværgende ud med armene og signalerer, at det var det eneste, der var rent.

SLIKDAG. Hvis du holder af slik, men er bange for kalorier, så springer du bare måltiderne over i dag og spiser kun slik. Masser af blød vingummi, Ragusa eller de gode ingefærchokolader fra Peter Beier. Hvad du nu er til. Det kan sagtens være sundt og økologisk. Daddelkugler, figenstænger. Nej okay, det kan det ikke, men i princippet. Fedtede smørkarameller. Hvad som helst. Og meget af det. Nyd hver en bid. Børst dine tænder, inden du går i seng. Men hav ingen skyld. Må vi nu lige ha' lov at være her.

SLIKKEDAG. Der åbnede engang en slikbutik på Værnedamsvej, som er en meget fin, lille, kulturradikal gade på Frederiksberg med dejlige cafeer og ostehandler, galleri og chokoladeforretning, alene lækre sager. En gade, man kører hen til, når den skal have noget gas. Jeg kom der dagligt, for jeg boede lige rundt om hjørnet på Vesterbrogade. Og så en dag åbnede den famøse slikbutik med e-numre og parallelimport ud over det hele, hvilket i sig selv var slemt nok. Men fordi ejeren var en (garanteret helt o.k.) fyr af anden etnisk, og med dårligt kendskab til det danske sprogs konnotationer, kaldte han butikken SLIKKELAND. Et skilt med store liderlige versaler i den fine gade. Med fnisen, himlen med øjnene og ufrivillige hårde opbremsninger til følge. Forældre fra Den Franske Skole, der holdt deres børn for øjnene. Der sænkede sig en skamfuld, politisk korrekt tavshed over Værneren, som gaden hedder i folkemunde. På et tidspunkt må nogen have sagt noget, for KE blev malet over, så der bare stod SLIK-LAND på skiltet. Men skaden var sket, og når lyset faldt på en bestemt måde, kunne man tydeligt se ordet SLIKKELAND inde bag malingen. Kunderne udeblev. Den rene jammer. Det kunne jo være løst, hvis nogen havde ønsket det. En venlig, velmenende bemærkning, lige da butikken åbnede, *hej Mester, det lyder ikke så godt, det der SLIKKELAND, folk får billeder, og dit slik er i øvrigt lavet af gift, og det her er en gade med øko-guldmærke. Men ellers er du velkommen her i den kulinariske højborg på det rummelige Frederiksberg.* Men det var der åbenbart ingen, der ønskede. Hvad kan vi lære af det? Det ved vi godt. Jeg gider ikke engang skrive det.

SKUD UD-DAG. HOV! I dag må kvinderne fri. Det må de ikke resten af året. Medmindre de frier til en anden kvinde. Sådan er det.

(Ja ja, Kloge Klogesen, jeg er opmærksom på, at det ifølge den julianske kalender er den 24. februar, der er skuddag. Men det er nu mere særligt med en 29. februar hvert fjerde år. Indrøm.)

MARTS

SLIKKEDAG 2. Næsten alle kan lide at bli-
ve slikket rundtomkring på kroppen. Din tunge er din pensel. Du er kunstner. Mal.

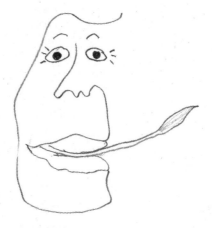

VINDENS DAG. Sørg for at få vinden i ryggen. Iskold stikkende modvind kan slå selv de bedste ud.

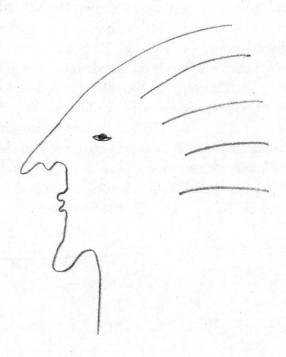

ORDSPROGENES DAG. Der er mange
dejlige. Find et, der passer på din livssituation. Jo hø-
jere hegn desto bedre naboer. Sælg ikke skindet, før
bjørnen er skudt. Tyv tror, hver mand stjæler. Den, der
gemmer til natten, gemmer til katten. Det sidste har
vi brugt en del hjemme hos os, for jeg er gift med en
vestjyde. De første mange gange, jeg besøgte ham, trak
han nogle meget dyre vine op, som han havde gemt til
en særlig kat. De var alle som en blevet til eddike, fordi
de var opbevaret forkert. Til sidst blev det et yndigt
ritual: Jeg tog en smart kjole på og kørte ned til ham
i Nyboder. Han trak en flaske vin op, og vi snusede til
den og studerede farven, som var helt skæv, derefter
hældte vi den under stor moro i vasken. Så gik vi ind
og knaldede. Nu er vi gift og har to vinskabe.

STOP DIG SELV-DAG. Du kører dig selv

op. Piller i såret. Genoplever et krænkende overgreb.
Ventilerer din afmagt. Hælder benzin på din vrede.
Gearer den. Du er nu på vej ind i hysteriet, hvorfra
man ofte vender tilbage med blodige knæ og knækkede
tænder. Der er kun en ting at gøre: STOP DIG SELV.
Uanset hvad næste skridt er, så stop. Det er muligt, at
du skal reagere på de kalamiteter, der er overgået dig.
Skrive en mail. Hævne dig, hvilket jeg dog skarpt vil
fraråde. Men selv hvis du skal, så husk at hævn skal
nydes kold.

OVERLEVELSESDAG. Træk vejret, uanset hvad der sker. Fokuser udelukkende på din vejrtrækning. Lad ikke panikken løbe af med dig. Din vejrtrækning er din redning. Den forankrer dig. Nogle dage er giftige, ormstukne og bundrådne. Træk vejret, du kommer igennem det. I morgen er der atter en dag.

ATTERDAG.

DVÆLEDAG. Når du i dag går rundt i livet, så dvæl. Er der en flot husfacade? Så dvæl. Er der en smuk himmel, et blafrende gardin, en svungen trappe? Giv dig tid til at dvæle ved nogens melodiske stemme. En rytterstatue. At der overhovedet er nogen, der har udvirket alle de imponerende statuer i vores hovedstad. Udsmykninger, søjler og gesimser, som ingen anden funktion har end at glæde øjet. Dvæl ved mennesker, som sidder på bænke i forårssolen. Mennesker med rappe fingre, som pakker en gave smukt ind. Mennesker, som gør vigtige ting med deres hænder, som er mærket af alt det gode, de har gjort; skiftet en ble, trøstet et barn, hjulpet en, der er faldet, på benene igen, klippet en hæk. Fået et apparat til at virke, som alle havde opgivet.

KAMPDAG. Vælg dine kampe. Og kæmp for no-
get, det er realistisk at gøre noget ved. Ellers ender du
som et bittert ringvrag med kort, fornærmet pandehår,
kikkert og terrængående sko ude i nogle siv, rasende
over, at der kun er ét rørhøgepar tilbage på Amager
Fælled. De rørhøge har ikke brug for dit raseri og din
ørkesløse kamp. De har brug for din kærlighed til dyr
og din evne til at skabe interesse for ynglesteder. Det er
fint med folk, der kæmper. Der er meget i verden, der
er værd at kæmpe for. Men kamp for kampens skyld
er et skråplan. Kæmp også gerne din egen kamp. Hvis
du er lyshåret og hedder Marianne og er født af nog-
le kridhvide skolelærere i Midtjylland, vil du så ikke
– please – lade være med at føle dig krænket, når du
ser en kakaomælk? Lad være med at kæmpe indædt på
vegne af os brune og råbe *racist!* efter ældre mennesker,
som uforvarende kommer til at bruge n-ordet, og lad
være med at forskanse dig bag andres identitet i noget
identitetspolitisk vrøvl. Kære ven, vi tager den selv, du
må gerne hente en pizza, men kæmp din egen kamp.
Der er kampe nok til os alle sammen.

SPEJDERDAG. I dag er du beredt. Lige meget hvad der sker, så er du på pletten med et dobbelt halvstik. Du hjælper damer med barnevogne, jeg ville gerne skrive damer og herrer, men det er næsten altid damer, der skal have hjælp med barnevogne, herrer klarer den selv. Uanset køn, så står du klar. Du eskorterer ældre mænd og kvinder over gaden og holder trafikken tilbage for andemor og de små ællinger. Samler folks avis op, som de har tabt, giver hjertemassage og mund til mund til dem, der er på vej over på den anden side, og er generelt bare en tjikker-likker rar og hjælpsom person i dag.

MISUNDELSESDAG. Spring over. Du skal ikke spilde en eneste dag på at være misundelig. Misundelse æder sjælen op. Verden er uretfærdig, og det må vi sammen prøve at overvinde. Men ikke med misundelse. Med kampgejst og begejstring. Og kærlighed.

SMID UD-DAG. Smid det ud! Hvis du er i tvivl, er der ingen tvivl. Ikke stå for længe og overveje. Du må gerne smide mad ud, der ligger i køleskabet, hvis det er noget, du ikke har lyst til at spise. Eller tøj. Hvis du ikke har brugt det i over seks måneder, så giv det til genbrug. Uanset hvad det er: En anorak, gamle meninger fra firserne, bitterhed, venner, som du ikke gider. Ud med den/dem/det. Andre kan bruge det. Ellers brænd det i en gammel olietønde (medmindre det er noget levende). *Travel light.*

TAKNEMMELIGHEDSDAG. Tak. Sig

ordet mange gange i dag. Lad følelsen af taknemmelighed gennemstrømme dig. Du lever. Du er nogenlunde rask. Hvis ikke, så er der læger og hospitaler og apotekere, der står klar til at modtage dig. Der er rent vand i hanen. Du har en familie og en omgangskreds. Ellers må du ud og finde en. Der er gode mennesker overalt. Nogle af dem vil du kunne lide og de dig. Du er en perfekt sjæl blandt andre perfekte sjæle. Tak!

RASMUS MODSAT-DAG. *Det mener jeg ikke*, er dit mantra. Til hvad som helst. *Ligesom i den der film med Johnny Depp, Edward Saksehånd*, siger din søde kæreste. *Det mener jeg ikke*, siger du. *Hvad?* spørger din kæreste. *At det var Johnny Depp, der spillede den rolle*, svarer du med rynkede bryn og et bestemt drag om munden, som driver alle til vanvid. Nå, spade. Men det var det, og det er en af de få ting, vi kan takke internettet for, nemlig at sådan nogle belastende typer som dig kan stoppes lynhurtigt med en Google-søgning. I gamle dage skulle man på biblioteket eller ringe til Politikens oplysning mellem ni og tolv. Det værste er, at når man så fremfører bevis og billeddokumentation, *se her er et screenshot fra filmen: Johnny Depp med sakse i stedet for fingre*, så kan du gud hjælpe mig finde på at betvivle billedets ægthed. Find en anden planet, og slå dig ned der. Nar! Nej, nu har jeg tænkt over det. Det er jo bare angst. Og rædsel for ikke at have en plads i hulen, Mulle. Din rasmusmodsathed er jo din eneste måde at få opmærksomhed på. Nåårh lille ven, kom her og få en krammer og et stykke chokolade.

NEGLEDAG. Du skal bruge et fad med varmt
vand, en tre-i-ener, en orangepind og fed håndcreme.
Tag håndbad i mindst en halv time. Du kan lytte til et
meditationsbånd imens, hvor du opdager, at nuet er det
eneste tidspunkt, der findes, og at det er et rart sted at
være. Fortiden er ovre, medmindre du slæber den med
dig. Fremtiden ved vi intet om, heldigvis, og den skal
vi ikke bekymre os om. Vi skal blot være til stede lige
nu. Med en behagelig stemme i ørerne og hænderne i
varmt vand. Er det ikke dejligt? Så tørrer du dine hæn-
der og klipper dine negle i en pæn form. Fil kanterne,
og smør hænderne ind i fed creme, sørg for at komme
godt rundt om neglebåndene, som du skubber blidt til-
bage med orangepinden. Polér neglene, det ser så pænt
ud. Du kan også tørre dine negle rene for creme og give
dem en gang klar lak eller en svagt rosa. Eller blå, eller
hvad der passer til dagen.

NEGLEBIDERDAG. Du kan sidde hele dagen og bide negle. Men det vil jeg ikke anbefale. Især ikke, hvis der er nogen, der ser det. Man er bagud på point, når folk ser en sidde helt fortabt og introvert og bide negle. Sådan er det med de fleste handlinger, der ikke er underlagt viljens kontrol. Når folk ser en gøre noget, som vi alle ved er bedst at afstå fra, så får man minus i deres bog. Jeg så engang en berømt skuespiller grave en gigantisk bussemand frem fra det allerbageste af næsen, stirre betaget på den for derefter at sætte den til livs. Jeg var ved at kaste op. Bussemænd er næsten det værste jeg ved, måske er det derfor jeg kun fik ét barn. Men altså, hvis det giver dig stor glæde at bide negle, så gør det. Men så behøver du ikke gøre det i smug. Annoncér, at du bider negle, fordi det er din hobby, og det nærmest fungerer som en snack for dig, og at det er sundere end at ryge og spise formiddagshindbærsnitter med de andre på afdelingen. Bare gnav løs. Men skift finger, når det begynder at bløde.

INGENTINGSDAG. I dag skal du ikke no-
get. Jo, måske skal du på arbejde. Men du skal ikke
noget. Du kan nøjes med at være den, du er. Du behø-
ver ikke trække maven ind. Hverken fysisk eller psy-
kisk. For det er ikke sådan en dag. Det er en 'jeg er
okay'-dag. Uanset om dit hår er uglet bag på, fordi du
har glemt at rede det. Uanset om dit tøj strammer og er
krøllet, fordi du har sovet i det. Du er helt okay. Vi kan
godt lide dig. Du er helt okay hele dagen. Også selv-
om du får øje på dit eget spejlbillede i en butiksrude
og tænker *tak for kaffe!* Du er helt igennem et dejligt
menneske, og der er ingenting, der kan ændre på det
faktum.

BANKDAG. Banken har åbent.

KIGGEDAG. I dag skal du se ting, for du har fået øjne at se med. Du kan starte med at kigge ud ad vinduet. Måske er der et hus overfor? Hvis ja, så kig på det. Bor der mennesker, og går de forbi vinduerne, så se dem. Er der et træ uden for dit vindue, så se på det, er der knopper på? Se på dine hænder og dine fødder. Se på din tallerken med grød eller ristet brød eller hvad du spiser. Se på de andre i bussen. Se på himlen, og se på jorden. Se på dine kolleger. Se på dine børn og din kone eller mand eller begge, hvis du lever i en trekant. Se på dine negle. Løft blikket og se på månen og stjernerne. På gadelygter og lastvogne. Alting var en tanke først, og nu findes det. Er det ikke mageløst?

LYTTEDAG. I dag skal du lytte, for du har fået ører at høre med. Du behøver ikke selv at sige så meget. Tak skal du dog huske at sige, når nogen byder dig et fad med smørrebrød. Eller hvis de hjælper dig med et regnestykke eller gør plads i bussen eller samler noget op, som du har tabt. Men ellers skal du blot lytte. Lyt til dine børns åndedræt, lige inden du vækker dem, og lyt til deres søvndrukne stemmer, når de lover at stå op lige om lidt. Lyt til vandet, der plasker, mens du tager et styrtebad. Ja, eller et brusebad, jeg kan bare så godt lide ordet styrtebad. Lyt til menneskers tonefald. Også dem, du ikke er enig med. Lyt til det, der ligger under ordene. Lyt til en overvintret flue, der summer om ørerne på dig, og mågerne. Lyt til vinden. Lyt.

SMERTEDAG. Måske har du smerter. Det er vi mange, der har. Nogle har ondt i ryggen, andre har ondt i skulderen. Vi har alle sammen ondt i hjertet af og til. Eller hovedet. Mange mennesker døjer med kronisk hovedpine. Vi har en smertekrop, som lever af smerte, som skal fodres med smerte ned i dens vidtåbne næb. Hos nogle af os fylder den meget, hos andre næsten ingenting. Måske er det noget med karma og tidligere liv, hvis man tror på den slags. Jeg ved det ikke. Men smerte findes, og det nytter ikke noget at fortrænge den. Lige så lidt som det nytter noget at forelske sig i sin smerte og blive kæreste med den. Din smerte skal ikke være dit narrativ, uanset hvor ondt det gør. Smerten er ikke, hvem du er, men smerten kan lutre din sjæl, selvom det lyder meget middelalderligt.

Jeg har ondt i min nakke. Jeg er blevet opereret og har to titaniumklodser mellem 3. og 4. samt 5. og 6. nakkehvirvel. Inden jeg blev opereret, havde jeg nogle gange så ondt, at jeg overvejede, hvorvidt jeg orkede at være her tiden ud. Jeg havde lyst til at tage mit hoved af og stille på køkkenbordet, mens jeg lavede mad, fordi det var så tungt at bære på og belastede min mugne bruskskiver. Jeg fik lammelser i fingrene og tabte sæben, når jeg var i bad. Til sidst gik det ikke længere, og jeg besluttede at blive opereret. Efter operationen gik der mange måneder, inden jeg oplevede en egentlig bedring. Men den er kommet. Jeg har stadig ondt i min nakke hver dag, men det er ikke en uudholdelig smerte.

Min bedste ven Troels har noget, der hedder Hortons migræne, som er en klyngemigræne. Altså migræne op til otte gange om dagen. Inden lægerne fandt ud af at smertedække ham, lå han, som ellers har samme hudfarve som mig, på gulvet kridhvid i hovedet, mens alle talte minutterne til, at anfaldet var ovre. *Men jeg har tænkt over det*, sagde han for nylig til mig, *og jeg ville ikke have byttet. Den måde, man får sig selv lige i hovedet, når man har smerter, den måde, man bliver reduceret til ren væren, der er noget at hente i det.* Jeg kan kun give ham ret. Jeg hader at have ondt, men der er noget dyrebar viden gemt på bunden af stærke smerter. I stedet for at forbande sin skæbne, må man tage den på sig og overgive sig til smerten. Træde ind midt i den og vende hver en sten. Blive et med den. Give helt slip og tillade den og vide, at den er i ens liv, og at man kan have smerter under protest eller acceptere dem. Det betyder ikke, at man ikke skal tage smertestillende. Det gør jeg også. Og Troels var død, hvis de ikke havde fundet frem til den blanding af medicin, der gør det muligt at leve i hans krop. Man kan sagtens sige til smerten, at i dag orker jeg dig ikke. Eller jeg skal på skiferie eller holde børnefødselsdag, så du må lige finde et andet pensionat. Men hvis man ikke accepterer den, går den ikke væk. Accepterer, at den er vævet ind i ens skæbne. Og at den har noget vigtigt at fortælle en.

ÅBNINGSDAG. Åbn dig. Eller åbn en butik.
Eller åbn dine øjne.

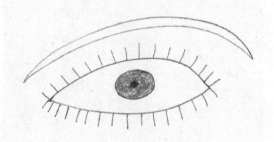

BEFRIELSESDAG. Befri nogen. Smid bh'en og dine stiletter. Slå håret ud, lad skægget stå. Nægt at udføre meningsløst arbejde, sig eventuelt op. Skriv et læserbrev om ventetiderne på en byggetilladelse og noget om bureaukratiet og statens kvælende hånd. Opgiv snærende dogmer. Giv slip. Sæt dig fri. Befri dit liv.

VASKEDAG. Du skal vaske i dag, også det tøj, du ikke tror, man kan eller skal vaske. Dit overtøj kan du formentlig godt vaske, medmindre det er en foret kameluldsfrakke eller en pels. Vindjakker og anorakker kan sagtens tåle en tur i vaskemaskinen på et skåneprogram. Det er træls at se ellers rene og pæne mennesker iført overtøj, som er nusset ved lommerne, og en snavset strikhue. Uld kan vaskes på uldprogram med uldvaskemiddel eller i hånden i sæbespåner eller shampoo, selvom der står i anvisningen, at det skal til rens. Det er noget pjat. Brug skyllemiddel også selvom du er modstander, ellers bliver uld hårdt. Dine fine silketørklæder, som du har arvet fra din faster Margit, kan du lægge i en vaskepose og vaske på et uld- eller silkeprogram, det er den eneste måde at få dem rene, når der er kommet makeup på, og de stadig dufter kraftigt af Shalimar, som var din fasters yndlingsparfume. Vask dit køleskab med klorin. Vask hele familiens løbesko med Rodalon på 30 grader i vaskemaskinen. Vask dit hår. Vask sengetøjet på kogevask, så slipper du af med støvmider. Vask i den grad børnenes legetøj, det er flittigt berørt af små numsefingre. Vask ovnen, medmindre den har pyrolyse, så tænder du for den.

Husk at fjerne gåseskroget fra Mortens aften. Og nu vi er i gang, så vask din mund med sæbe. Du ved selv hvorfor.

PYTDAG. I dag er det op på den store pyt-klinge. Intet kan slå dig ud. Et grimt cykelstyrt? Pyt! En fyring? Pyt! Kæresten taget på fersk gerning i gang med at udføre cunnilingus på din bedste veninde? Pyt! Dog efterfulgt af en kop stærk kaffe. Pytdage er vigtige dage. Jo flere jo bedre. Hvis det er for krævende med en hel dag, så tag blot nogle timer i Pyt-land. Anskaf dig et pyt-armbånd eller lav et selv. Brug blækklatsstrategi vedrørende pyt-energien. Den kan brede sig lige så stille. Især hvis man ikke forcerer.

MADDAG. Lav noget mad. Hvis ikke du ved, hvad du skal lave, så byt med en ven. Alle har fire-fem hofretter, som man tyr til, når man ikke orker at forny sig. Byt indbyrdes i vennekredsen.

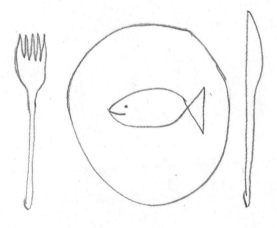

IDRÆTSDAG. Dyrk noget af det der sport i dag. Den slags, hvor man sveder i stramt tøj og blærer sig med, hvor godt man har det bagefter. Tennis, håndbold, crossfit eller hvad det hedder. Jeg er ikke den rette til at rådgive. Måske kan du finde noget om det på nettet. Eller måske apoteket har en brochure.

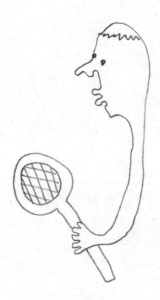

LEDIGHEDSDAG. Ja, så er det blevet din tur. Den kommer til os alle. Skriv en liste over, hvilke spændende udfordringer dit nye perfekte arbejde skal bringe dig. Indtil det dukker op, og det gør det, så tager du det arbejde, som du kan få. Ja, jeg er bekendt med, at du har taget en lang videregående uddannelse, men vi må alle ud og hugge sukkerrør en gang imellem.

SJÆLENS DAG. Ro på min ven. Sjælen skal med på rejsen, som det hed i gamle dage hos DSB (nu kan man desværre ikke længere være sikker på, at sjælen ikke ender på hittegodskontoret, fordi man ikke kunne få pladsbillet til den på grund af travlhed her op til højtiden. For det er gået ned ad bakke for DSB, hvilket jo i grunden lyder ret fremkommeligt for et transportfirma). For den skal med, den sjæl. Ellers er der slet ikke noget ved at bevæge sig fremad. Hvis man ikke har den med, ryger man ud af sit center. Sjælen må ikke sakke bagud, så må man stoppe op og vente, til den har indhentet en, og hvis den nægter og ikke vil med der, hvor man absolut tror, man skal hen, bør man måske overveje destinationen en ekstra gang. Sjælen må på den anden side heller ikke stikke helt af fra en og tage ud på en spirituel rejse, mens man selv sidder tilbage på en divan i hjemmesko og oplever, at man slet ikke kan leve op til ens egen sjæls vidtløftigheder. Så må vi bede den om at sætte farten ned, mens vi får ordentligt fodtøj på og prøver at nå den. Det er bedst, når krop og sjæl er i synk. For vi lever på jorden, og her er det kroppen, der har forrang, fordi vi bruger den til at lære med. Sjælen behøver ingen undervisning, den ved det meste i forvejen.

110

ÅRSDAG. I har årsdag. Tillykke, hvis altså I er glade. Ellers prøv at blive det. Skriv et brev, mens du smiler, hvor du fortæller din elskede, hvorfor han eller hun er elsket. Rund hellere op end ned.

BØRNEHJÆLPSDAG. Hjælp et barn.

UDFLYTNINGSDAG. Du skal være ude
klokken 12. Husk at efterlade lejligheden i den stand,
du selv gerne ville modtage den. Gør grundigt rent, og
rens afløb, så de nye beboere ikke skal trækkes med
dine hårboller. Køb en ny toiletbørste. Lad kosten og
en spand og rengøringsmidlerne stå til den nye lejer.
Og lad toiletrullen sidde i holderen samt en ekstra rul-
le. Du må ikke engang overveje at tage dem med. Næ-
righed er en af de syv dødssynder. Eller, nej det er ej,
men det burde det være. Stil neskaffe på køkkenbordet
eller en flaske vin eller nogle blomster, og skriv en sed-
del om, at du håber, de bliver glade for at bo i opgan-
gen, og at Esther på første er rigtig sød, hun skal bare
lige have lidt tid.

APRIL

APRILSNARSDAG. Det er ikke nok at råbe *kom og se, Miffi sidder oppe på taget,* medmindre Miffi er din kørestolsbrugende farmor, det er ikke en bæredygtig aprilsnar, hvis Miffi er jeres kat. En aprilsnar skal have noget saft og kraft. Jeg bildte engang min eksmand ind, at vores dengang syttenårige datter var blevet kæreste med Jimmy Jørgensen. Min eksmand lavede kontra og ringede tilbage og fortalte mig, at han havde opsøgt Jimmy og givet ham en på lampen, og jeg gik i panik og råbte *APRILSNAR* så højt og længe, at jeg ikke hørte, at han sad og grinede med sin meget høje latter og ligeledes råbte aprilsnar. Jeg blev fanget af min egen aprilsnar. Den har siden været svær at slå. Min datter kan stadig huske, at jeg bildte hende ind, at mormor havde en affære med naboen Svend, som var meget gammel. Men måske var den også til den gode side. Hun var vist kun ti dengang. Måske skulle jeg bare have bildt hende ind, at Miffi sad oppe på taget.

DOMMEDAG. Der er folk, som lever af at fortælle andre, at det er for sent. Lyt ikke til dem. Hvis det var for sent, var der ingen grund til at fortælle nogen noget. Det er ikke for sent. Der er ting, der haster. Meget endda. Men vi må ikke give vore børn og unge mennesker billedet af, at det er for sent at gøre noget ved verdens tilstand. Ikke engang selvom det er vores inderlige overbevisning. Det kan vi simpelthen ikke være bekendt. *For sent*-mantraet skaber angst, apati og mistrøstighed, og så *bliver* det for sent. Vi må iføre os kampgejst og disciplin og håb.

NAVNEDAG. Skal nogen have et navn? Det er en stor dag. Er der noget, der skal have et navn? Skal defineres? Noget besværligt eller noget forvirrende, som kredser rundt i kanten af din bevidsthed. Kald det ved navn. Det er nemmere at tackle det, der er kortlagt og navngivet.

HJERTEDAG. Prøv kun at tale fra hjertet i dag. Alene fra hjertet. Den, der taler og synger fra hjertet, rammer ingen falske toner.

TILGIVELSESDAG. Er der nogen, du ikke
har tilgivet? En, der sidder i dit hjerte og gnaver? En, som har gjort dig ondt og aldrig sagt undskyld? Det kan være, han har glemt det. Har glemt dig. Hvis du mødte ham på gaden, ville han ikke genkende dig. Og ham har du slæbt rundt på i flere årtier. Han er med dig på ferie, med på date. Han ligger mellem dig og din elskede i sengen, og han sidder med ved bordet, når I fejrer børnenes fødselsdage. Er det ikke på tide at få ham ud af systemet? Det gør du bedst ved at tilgive ham. Ikke fordi du er forpligtet til det, ikke fordi han har fortjent det, det har han muligvis ikke, men det betyder intet. For du har fortjent det. Du har fortjent en lettere gang på jorden, og den får man, når man ikke har hele rygsækken fuld af gammel smerte.

Begynd med at ville tilgive. *Jeg vil ikke*, tænker du og stemmer hælene i. Nej okay, du vil ikke. Men så bed om hjælp til at ville *ville*. Det kan være, det tager et par uger, men en dag opdager du, at du gerne vil. Sæt dig på en stol, og ret ryggen. Træk vejret dybt, og se vedkommende, som skal tilgives, for dig, bad ham i et gyldent lys. Ønsk, at han har det godt. *Nej, jeg ønsker fandeme ikke, at den skid har det godt*, tænker du. O.k.

120

Jeg hører dig. Vi gik for hurtigt frem. Ønsk, at han er i et rum med en behagelig temperatur. Går det? Ja, det går, så nu ønsker du, at han har noget tøj på, som ikke kradser. Går det? Ja, det går, og sådan fortsætter du. Lidt ad gangen. At han spiser noget, han kan lide. At udsigten er storslået, der hvor han befinder sig. Stille og roligt lægger du på, indtil du kan ønske for ham, at han er omgivet af mennesker, der elsker ham, og som han elsker. At han er lykkelig. Det kan tage uger eller år. Det vigtigste er, at du kommer i gang. Ønsk noget godt for de mennesker, der har krænket og såret dig. Velsign dem. Sådan slipper du dem. Og vigtigst: De slipper deres tag i dig. Og så er der mere plads til kærligheden til dem, du elsker, som elsker dig.

FALDE I STAVER-DAG. Fald i staver. Se ud ad vinduet. Nulr en hårtot. Det er allerede rigeligt.

FESTDAG. Hold fest! Det kan sagtens være en alenefest. Bare dig og nogle chips og en flaske cider med maks. 2 procent alkohol. Det kan også være en topersoners fest, hvor I svajende og med lukkede øjne danser til George Harrisons *Bangladesh*, som kører på repeat. Der er mange slags fester. Du finder en, der passer til lejligheden.

LEVERDAG. I dag er du sød ved din lever. Den har intet ondt gjort, tværtimod er det den, der redder dig, når din krop brænder på. Så. Ingen alkohol og ingen panodiler i dag. Lav en smoothie med blåbær, gurkemeje, mynte og marietidsel. Drik den, mens du holder dig for næsen. Hav en fortsat god dag.

OSTEDAG. Jeg håber, du kan lide ost, for ellers bliver det en lang dag. Hvis du ikke kan, så gå ned i ostebutikken og spørg efter triple-creme-ost, og køb et nybagt baguette. Sæt dig på en bænk i forårssolen, og bræk et stykke af brødet, fremdrag din schweizerkniv, og smør et tyndt lag af osten på. Tag en bid, og tyg den grundigt. Smager det vel af ost? Nærmere af en slags tykt smør eller creme fraiche. Smør et tykkere lag på. Sig *uhm,* og smask højt, så hjernen lærer, at det er gode sager, det her. Nu har du fået taget din ostedom og kan spise ost som ordentlige mennesker.

Hvis du i forvejen kan lide ost, så er det i dag, du skal udfordre dig selv ostemæssigt. Sørg for at have en veltempereret Pommard parat, eller Riesling eller portvin eller hvad du nu sværger til; jeg kan personligt godt lide et ordentligt kanonslag af en Chateauneuf du Pape til kraftig ost. Du køber en Stilton, en ældgammel camembert, som ostehandleren havde glemt nede i en støvle, en rødkit, en Blå Kornblomst, en knastør Gruyère og luftigt kridhvidt brød og måske nogle bornholmske kiks. Arranger på et smukt fad, som du stiller ud på altanen eller i fadeburet med et rent viskestykke over, så de kan temperere, og så hele huset ikke stinker.

Du trækker rødvinen op, dekanterer eventuelt over på en karaffel. Så ringer du efter et par gode venner, og så er der Ostival, som det hedder i Nettos reklamer, som ligger i postkassen, selvom man har et klistermærke med *Reklamer – Nej tak.*

Når man spiser ost sammen, kommer man tæt på hinandens sjæl og menneskets oprindelse. Vi har siddet ved bålet i stenalderen og suget den rådne marv ud af dyreknogler, og det har haft en osteagtig smag. Vi har spist rådden mad op gennem tiderne, fordi opbevaringsforholdene først inden for de seneste 60 år har været hensigtsmæssige. Men vi har taget det i stiv arm. For vi kan godt lide fermenteret mad, som det hedder nu. Det har vi været nødt til at kunne. Og de, der ikke har brækket sig, har overlevet. Ostegenerne har haft et forspring. Lad os fejre det, mens vi skåler i rødvin og ser hinanden ind i osteøjnene.

MANUEL DAG. I dag skal du frembringe no-
get. Noget fysisk. Og du skal nyde det imens. Det skal
være lystfuldt. Ikke noget med at springe over, hvor
gærdet er lavest og lave noget, du i virkeligheden ikke
gider, bare fordi det føles trygt. Du skal lave noget og
nynne imens. Det behøver ikke være vellykket. Det
behøver heller ikke smage godt, hvis det er bagværk.
Du skal lave noget, der får dig til at smile eller klukke,
mens du sidder og bakser med det. Et gækkebrev? En
hæklet grydelap? Noget i ler?

MÅDEHOLDSDAG. I dag vil vi opøve stamina. Gå forbi en Lagkagebager. At gå forbi en Lagkagebager uden at gå ind i selve butikken er vigtigt at kunne. Det er en forudsætning for et liv i glæde og selvdisciplin. Gå forbi i roligt tempo. Prøv at holde pulsen nede. Fiksér blikket på et punkt foran dig. Nu er du forbi Lagkagebageren, og du gik ikke ind og købte noget. Det er meget flot. Du er et menneske med høj integritet.

UMÅDEHOLDSDAG. Gå ind i en Lagka-

gebager. Når de spørger, hvad du skal have, siger du, *jeg kigger bare.* Prøv at lade være med at tømme skålen med smagsprøver, selvom der står en kvieøjet yndig-pind og med kælen stemme spørger, *vil du ikke smage, den er lun endnu?* om den smørdryppende æbletærte, som er brækket i små mundrette bidder og stillet i en skål på disken, jævnfør de gamle ord, *det første fix er gratis.* Du klarer næsten ti minutter med blot at kigge, og så kapitulerer du og køber fem kanelgnufler for kun 215, fordi tre af dem er lidt brændte. Og nu sidder du der i bilen med posen på sædet ved siden af dig, og den er lun, og den strejfer dit lår, og din hånd søger ned i posen, og to af dine fingre penetrerer en kanelgnuffel, og du slikker på dine fingre og slubrer den varme re-monce i dig, og en følelse af ikke længere at være herre over situationen overmander dig, og du tænker med pludselig forvirrende ømhed på Harvey Weinstein, og at det fandeme heller ikke er nemt, og nu er der kun én lille bange gnuffel tilbage i den store pose, og du sider i indkørslen med oppustet gærmave og øver dig i at sige, *jeg har købt en kanelgnuffel til deling, de er jo så dyre, ja der var ikke flere små poser* til din familie. Sørg for ikke at have remonce på hagen, mens du siger det. Det ser så dumt ud.

YOGADAG. Tag noget blødt tøj på, som ikke strammer. Læg dig på en yogamåtte. Lav yoga. Forskellige krigerstillinger og Hunden og Cobraen og øh ...

Nej, ved du hvad, meld dig til en yogaklasse, eller find en på YouTube. Lov mig at lave Ploven og Lyset. Det er de stillinger, hvor man suger luft op i tissekonen og sender det ud med et drøn. Prøv at holde masken. Hvis der ligger en af de der tynde yogapiger med alvorlighedsmund, som tror, at yoga er en konkurrence om at være mest spirituel, så giver du bare hende skylden.

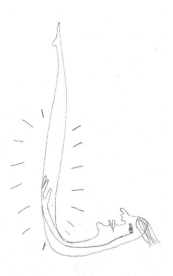

INSPIRATIONSDAG. Inspiration kan man hente alle steder. Se på de nyudsprungne forsythia-grene. Studer månerne på dine negle. Et barns øre. En hunds øjne. Betragt et edderkoppespind eller lyt til vinden. Betragt det tavse ægtepar på restauranten eller moderen, der taler for højt til sit barn i bussen for at vise medpassagererne, at hun har styr på det, hvad hun øjensynligt ikke har. Alt er inspiration.

SKÆRINGSDAG. Fra i dag af gælder noget. Jeg ved ikke hvad, men det gør du.

OPSTANDELSESDAG. Du er blevet korsfæstet, død og begravet. Men på tredjedagen genopstår du fra de døde. Det tager tre dage. Man kan ikke rejse sig umiddelbart efter en korsfæstelse. Brug de tre dage på at reflektere over din korsfæstelse, tilgiv dem, der hamrede dig fast til korset, for de ved ikke, hvad de gjorde, og så på tredjedagen, rejser du dig og går ud i verden og hjælper de andre korsfæstede med at rense deres sår.

BLIXEN-DAG. I dag spiser du østers og drikker champagne fra morgenstunden og napper et par ferietabletter til at tage trætheden. Omgiv dig alene med unge mandlige digterspirer, og prøv at få dem til at forlade deres koner og børn. Fortæl de samme anekdoter igen og igen, om dengang du hang ud med Carson, Arthur og Marilyn, det henrivende væsen. Tag en kort lur, stå op, ifør dig din gråværkspels, og sæt dig derefter ved din skrivemaskine, og skriv verdenslitteratur.

JAZZDAG. Sæt Chet Baker på, mens du stadig ligger i din seng. Brug remoten. Lig og nyd *Never Trust the Stars* eller *My Funny Valentine*, mens du gasser dig under dynen. Steg bacon og æg, mens du lytter til Cleo Laine. Skru op for musikken, og du må endelig ikke bruge høretelefoner. Jazz skal nydes med åbne ører og gerne i et rum sammen med andre. Når du lytter, så hør, hvordan alle giver plads til hinandens improvisationer. Som bølger mod stranden. Som fugle på træk. Hvis nogen tager for meget plads, eller hvis nogen tager for lidt, så går harmonien fløjten. Ind og ud. Frem og tilbage. Stærk, svag. Høj, lav. Alt er bevægelse. Alt er jazz. Livet er jazz. Du er jazz. Improvisér!

MORALSK DAG. Du ved jo selv, hvad din egen moral tillader. Det blander jeg mig ikke i. Jeg kender til mange mennesker, som oplever sig selv som havende en uangribelig moral, og jeg synes personligt, at de er det menneskelige svar på en dobbeltbundet kuffert, som jeg aldrig ville betro en hemmelighed. Omvendt er der sikkert nogen, der synes, at jeg rangerer lige over bonoboen, sådan som jeg har dasket rundt i firserne med mismiavkatten uden på tøjet. Sådan er vi så forskellige, men det vigtigste er, at vi overholder vores egen moral, ja, og landets love naturligvis. Ernest Hemingway skriver, at det, der er moralsk, er det, der ikke udløser tømmermænd på noget niveau. Det synes jeg, er ret godt, ja, selvfølgelig er det det, det er jo Hemingway. Og hvad er tømmermænd i den bredeste forstand, altså udover kvalme, hovedpine og dehydrering? Det er vel, kogt ned, skam, og fortrydelse, ensomhed og selvhad i en skøn pele-mele. Så lad det være vores rettesnor. Det vil sige, at i dag kan vi handle frit, foretage os ting og sager i alle tonearter og farver, så længe de ikke udløser tømmermænd. Man må altså gerne råbe op og te sig i dag. Man må gerne være stejl eller umulig i en diskussion. Man må gerne

være skrupliderlig og knalde uden kondom med no-
gen, man ikke kender, på herretoilettet i Magasin. Man
må inderligt gerne spise en hel tolvpersoners othello-
lagkage fra Lagkagebageren og slikke pappet bagefter.
Så i dag skal du ud og fyre den af. Gør hvad du vil,
måske kan vi læse om dig i avisen i morgen. Måske
opfinder du noget vigtigt. Du frier eventuelt til no-
gen. Jeg ønsker dig god vind med det hele. Men når du
vågner i morgen i en fremmed seng med to ukrainske
elitesoldater og Dalai Lama tatoveret på overkroppen
samt en lampeskærm på hovedet, må du love mig ikke
at få tømmermænd.

AMORALSK DAG. Stå sent op og gå tidligt

i seng, så dagen er så kort som muligt. Kør gratis i toget. Ret i dit eksamensbevis og snyd dig ind på et studie. Snyd i skat. Spil blind, så du kommer foran i køen. Stjæl noget. En neglelak, en bil, alt efter hvor hardcore du er. Bol en af dine veninders søn, som bliver student til sommer, selvom I udtrykkeligt havde aftalt, *vi rører ikke hinandens børn.*

GAMMEL FLAMME-DAG. Find gamle
papirbilleder frem fra dengang, du var på interrail. Fra dengang på Birkerød Statsskole. Fra den sommer, hvor I kørte til Hornbæk hver dag og lå nøgne nede ved 6. Tangvej. Er der en bestemt person, der dukker op på mange billeder? Ham, du aldrig rigtig fik skovlen under, eller jo, du fik vist en enkelt knastør tur i høet, som du tog imod med kyshånd og kyspik. Ham var du edderrødme vild med i årevis, og du var desværre ikke hans type. Eller heldigvis, for han var en kæmpelort, som havde det alt for nemt i verden, fordi han var så ulighedsskabende pæn. Uanset hvor flovt det er at indrømme, så ville du stadig få hjertebanken, hvis du mødte ham. Selvom du er godt gift og gammel, og hormonniveauet heldigvis er for nedadgående. Derfor har det været nødvendig at lave en besværgelse i form af en sang. Det er også billigere end at tale med sin terapeut om det. Der er heller ikke mere at tale om. Hver en sten er vendt. Og der var kun bænkebidere og jord under. Ingen Lars.

SANG OM LARS

Den første gang jeg så dig,
var noget værre rod.
Det var på festival, og du var høj og veluddannet,
og jeg var fra provinsen og blev ganske overmandet.
Du var Orange scene,
jeg var en falafelbod.

Den anden gang jeg så dig,
– ja, det var så næste dag,
for jeg kom til at overnatte, meget.
Du lå og sov i teltet, og jeg skred uovervejet.
Du var så smuk,
at jeg blev grim og svag.

Den tredje gang jeg så dig,
det var på Rudolph Berg.
Jeg sad med en fra dig – kun dig – erhvervet gonorré,
og du kom ind med lange lyse Lise Honoré.
Hun var så høj,
at jeg blev næsten dværg.

Den fjerde gang jeg så dig,
var jeg netop blevet student.
Det koster kræfter, når man ligesom jeg er bogligt svag.
Jeg stod der med min hue iført hvidt tøj, lag på lag,
du spilled' i et band
og var lidt kendt.

Den femte gang jeg så dig,
det var vist i et blad,
der stod, at du sku' giftes med Chantal, som er model.
Jeg var gravid med John, som kører taxa, sikket held,
for ellers var jeg blevet
fuld af had.

Den sjette gang jeg så dig,
det var på Christianshavn.
Du sad på bænken med en fyr, der lignede en bølle,
I talte sammen, du købte noget, kigged' op, lidt sølle.
Jeg hilste på dig, smilede.
Du havde glemt mit navn.

Jeg mødte Finn, som siger,
du er blevet narkoman.
Du mangler dine tænder og har sår i hele fjæset,
det tror jeg ikke på – jeg tror, du blot er stået af ræset.
Du er en prins,
og jeg din største fan.

Hvis du har brug for det,
så kan du sagtens flytte ind.
Jeg har et ekstra rum, nu John og ungerne er flyttet.
Jeg tror, at du har brug for tid og ro, at blive støttet,
og vi kan sove sammen
kind mod kind.

Jeg fik en sms fra Ann,
som hævder du er clean,
at du har vær't på ophold tæt ved Vejle,
der sa'e, *det er menneskeligt at fejle.*
Din sponsor hun er smuk og
hedder Jean.

Jeg hørte dig og Jean
på Radio24syv.
I sidder der og pjatter og gi'r gode råd til folk.
Får kendte på besøg, i går Lars Hug
og ham Niels Holck.
Du stjal mit liv, du er en fucking tyv.

I har været på klinik
og lagt din sæd langt op i Jean,
og det har givet pote, nu er Jean – den so – med rogn.
Du smiler glad ved tanken,
jeg syn's Jean, hun virker hoven.
Jeg hader dig, du er et lortesvin.

Den næste gang jeg ser dig,
er jeg garantrisset død,
du sidder helt forstenet ved min kiste
i sorg over vort forhold, som forliste,
når jeg er død, så bliver du sød og god.

alternativ slutning:

143

Den næste gang jeg ser dig,
håber jeg, at du er død,
for i det lange løb er vores forhold uholdbart,
jeg er jo kun en pige, jeg er faktisk fin og sart.
Hver gang jeg ser dig, fyldes jeg af noget,
der ikke er rart,
hvis du ku' skynde dig at dø, helst i en vældig fart.
Når du er væk,
så bli'r jeg god og sød.

GØGLERDAG. Accepter det. Du bliver aldrig fin nok. Du er og bliver en gøgler. De tager vasketøjet ind, når du besøger byen. De lytter med venlige smil, men de tager dig ikke alvorligt for fem flade fiskefileter. Beslut dig for, om du forgæves vil angle efter deres accept og anerkendelse resten af dit liv, eller om du vil fryde dig over din røde næse og dine store sko og lave din egen bevægelse. Vælg det sidste.

FRYD PÅ DÅSE-DAG. Læs avisen. Er din tidligere chef, som trængte dig ind i kopirummet og stak sin slimede tunge ind i din mund og grabbede dig by the pussy, blevet fængslet for underslæb? Har en af dine usportslige kolleger fået kniven af den amerikanske presse? Er din gamle nærige studiekammerat, som aldrig tilbagebetalte dig de penge, du lånte ham til en ferie, dengang han blev skilt, gået på røven? Er en tidligere utro kæreste blevet forladt af sin kone? Er nogen, der har mobbet dig, blevet taget med 120 kilometer i timen ned gennem Gothersgade tidligt søndag morgen og har mistet deres kørekort og deres sponsorater? FRYD PÅ DÅSE. Nu kan du sidde og varme dig lidt ved det. Og tænke, at så kan de lære at opføre sig ordentligt til en anden gang. I dag fryder du dig på dåse. I dag ler de gode, og de onde græder. Og du er en af de gode. Men det er en kortvarig glæde, og den har en bitter eftersmag. Det gamle udtryk *egen succes er god, men andres fiasko er ikke at foragte* er et falsum. Sats hellere på egen succes.

INDEBRÆNDT-DAG. I dag er du edder-
rødme sur. Du vågner op med en svien sydøst for den
venstre skamlæbe og ved godt, hvad klokken er slået.
Og se engang ud ad vinduet. For helvede et nedturs-
vejr. Og folk kører som psykopater på cykelstien med
deres cykelhjelme og cykelklemmer og cykelrøve og cy-
kelshorts og gud hjælpe mig, om der ikke også var en
nar med cykelstyrsoverskæg. Fandeme latterligt, at en
mand står og groomer sit skæg om morgenen som en
anden Hercule Poirot. Og der var rød bølge. Og damen
på apoteket stod og råbte, om du havde fået Aclovir før
mod herpes. Dumme kælling, som om det ikke er slemt
nok at have herpes, uden at hele Indre By behøver vide
det. Og der var udsolgt af kanelgnufler hos Lagkagebe-
geren, fordi en røvbanan af en slesk mellemleder købte
de sidste tredive lige for næsen af dig til noget fødsels-
dag på kontoret. Altså hans kontor. Ikke dit. Ikke at
det er dit kontor. Det er bare et sted, du arbejder, uden
helt at vide hvorfor. Når folk spørger, hvad du laver,
kan du ikke forklare det og må mumle noget med noget
og råbe *se den fugl* eller dreje samtalen ind på deres
børn. Og du kommer for sent til morgenmøde, og alle
ignorerer dig, fordi det ikke er første gang. Men hvem

gider også til møde, som handler om bl.a. bl.a. og no-
get med et lagkagediagram og korpsånd og bundlinje,
og pludselig er der en, der rusker dig i skulderen, fordi
du er faldet i søvn og har savlet på plastikchartekket
med de nye strategier, som en eller anden djøffer har
brugt et årsværk på at formulere, og som du selv kun-
ne have skrevet, mens du sad på lokum, for hvad står
der egentlig, når man koger det ned: Ret ryggen, tag
dig sammen, ikke være på Facebook i arbejdstiden, og
prøv at holde dig under ti sygedage om året, det er næ-
sten en om måneden, og det er o.k., når man betænker,
at du har seks ugers ferie. Sådan! Det ville til fulde
havde dækket alt det vrøvl i det skriv. Bare ordet 'skriv'
får dig til at overveje at søge en våbentilladelse. Hvis le-
delsen havde efterspurgt din lokumsstrategi, skulle det
såmænd ikke have kostet dem en krone, og du kunne
have arbejdet hjemme fra eget lokum. Latterligt firma.
Det eneste gode er kantinen. Og den nye kaffemaskine.
Og weekenderne.

MIRAKELDAG 2. Der findes kun to måder at leve livet på. Den ene er, som om ingenting er et mirakel. Den anden er, som om alting er et mirakel. *Albert Einstein*. Hvis han siger det …

PRIKKEDAG. Det er ikke nogen rar dag på arbejdet. Rygterne har svirret i en rum tid. Folk er bange. Vær knusende ærlig, er det jordens undergang, hvis du bliver fyret? Hvad er der af muligheder for sådan en som dig? Findes der andet arbejde, der ville gøre dig glad? Du må have et beredskab. Er der nogen af dine kollegaer, som du ved, vil gå ned med flaget, hvis det er dem, der bliver prikket? Så ønsk for dem, at de går fri. Bed om, at det er de rigtige, der får lov at blive. Og hånden på hjertet, måske er det ikke dig.

HAVEDAG. Hvis du har en have, er du et lykke-
ligt menneske. Eller det ved jeg ikke, om du er, men det
er ikke havens skyld. En have er en evig kilde til glæde
og begejstring. Du definerer selv, hvad der er ukrudt og
dermed niveauet af lugning. Vorherre har blot skabt en
masse herlige planter uden tanke på nogen af dem som
ukrudt. Så alene de planter, du udnævner til uønskede
vækster, er ukrudt. Men begræns dig med det prædi-
kat. Det er kedeligt at luge, og meget såkaldt ukrudt
sætter de fineste lilla blomster. Uønsket vækst har vi jo
alle vegne. Det dør man sjældent af.

SVEDENS DAG. Lad den løbe, sveden. Prøv
ikke at stoppe den. Sæt dig eventuelt på en stor sten
et højt sted, og sats på noget frisk vind, og at vand lø-
ber nedad. Måske er du i overgangsalderen, måske er
du i Malawi, og det er midt på dagen, måske en kom-
bination af de to. Der er nogle mennesker, som kan
have en knasende hvid nystrøget skjorte på i timevis
uden at lave mørke plamager i armhulen, også kaldet
vikarer. Du er ikke en af dem. Du sveder kraftigt under
armene: Den grålige våde plet, som omkranses af den
gule kant fra deodoranten, indrammes af en kridhvid
saltkant. Helt skidt er det ikke, salt til et blødkogt æg
kan du altid diske op med. Du sveder i ansigtet, søer
under øjnene og tunge dråber på overlæben, en varm
kilde i nakken og en flod ned ad ryggen. Du har små
dyser, som sender varm damp ud fra bagsiden af dine
lår og under brysterne. Du sveder på skinnebenene og
generelt under bæltestedet. Hav altid rene trusser i ta-
sken. I flertal. Men sveden må du owne. En svedende
kvinde i strid med sit dampende selv er et ynkeligt syn.
En svedende kvinde, som lader sveden løbe, mens hun
ler højt og kaster med sit fugtige hår, er møghamrende
sexet. Har jeg netop besluttet.

FLYTTEDAG. Flyt. Eller hjælp nogen med at flytte. Nej, forfra: Hjælp nogen med at finde et pålideligt flyttefirma. Besøg dem, når tingene er båret op. Husk salt og brød til de nyindflyttede.

FLAGDAG. Hejs flaget. Du bestemmer selv hvilket. Men hvis vi taler helt bogstaveligt med flag- stang og hele pivetøjet, så tjek først justitsministeriets hjemmeside.

MAJ

SKIFTEDAG. Du kan skifte i dag. Skifte bind. Skifte tøj. Skifte halm i træskoene eller hamsterburet. Skifte mening. Det er faktisk en glimrende praksis at skifte mening, det er kun blandt politikere, det er forbudt. Vi andre har godt af at skifte mening en gang imellem, så man ikke på halvtredsindstyvende år sidder med grydehår og hører Bob Dylans *The Times They Are A-Changin'* og slår rytmen på sine flaskegrønne fløjlsbukser og vipper vredt med sit store adamsæble og synes noget bedaget vås om proletariatets diktatur. Skift mening. Bare i dag. Du kan altid vende tilbage til velafprøvede meninger.

ARBEJDSDAG. Arbejd.

KÆRLIGHEDSDAG. I dag skal der elskes.

Alle på din vej skal du møde med et kærligt blik. Damen med det knastørre hår på posthuset (som jo ikke er et posthus, men et hjørne i Meny), som står der helt desperat, fordi alle er vrede over, at deres pakker er forsvundet. Se hende ind i øjnene, og tænk *jeg elsker dig*, og smil. Du kan sige det højt, hvis du er alene i køen. Men så er der jo ikke kø. Parkeringsvagten, elsk ham. Jeg fik engang en parkeringsvagt til at holde vagt ved min bil, fordi jeg skulle købe nogle blomster i en gade med parkeringsforbud. Da jeg kom ud af butikken, opdagede jeg, at hans blå vindjakke var en parkeringsvagtjakke. Men han havde troligt stået og holdt vagt, så jeg ikke fik en bøde, han ville bare være en god kammerat. Han fik en kæmpe krammer. Og det får man nok ikke hver dag som parkeringsvagt. Elsk alle, også ham, der sidder og ryger, selvom der er børn på bagsædet i den sløje Toyota, du holder ved siden af i krydset ved Folehaven. Når han drejer hovedet og ser på dig med det vredladne, skamfulde blik, som rygere i biler med børn tit har, så send ham et strålende smil. Vink eventuelt, eller send et fingerkys. Alle – mennesker, dyr og planter – vokser af kærlighed. Vær ødsel med den.

SORTERINGSDAG. Åbn dine skabe, og tag hver enkelt beklædningsgenstand ud, og mærk efter, om den giver dig glæde. Hvis ikke, skal den i en sort affaldssæk og til genbrug, så nogle andre kan blive glade for den skjortebluse med bindebånd, som du alligevel ikke kan bruge længere, fordi du med den på ligner en, der har taget parti i konflikten i Det Svenske Akademi. Den pattebørnehave orker du ved gud ikke at tage stilling til. Derefter gennemgår du din bogsamling. Der står en masse bras og pocketbooks og krimier. Ud med det. I dine køkkenskabe er der masser af grødris, uendelige poser med boghvedemel, fordi du køber en pose hvert år til nytår, når du skal bage blinis. Tjek dato, og smid dem, der er for gamle, ud. Skriv en liste over, hvilke krydderier du har, således at du ikke behøver købe oregano, hver gang du skal lave bolognese. Hæng sedlen på indersiden af lågen til køkkenskabet. Gennemgå alle produkter i badeværelset. Smid gamle cremer ud, selvom de var dyre. Smid pudder ud, som du har købt i en forkert nuance, du kender alligevel ingen med den hudfarve. Smid gammel mascara ud. Gamle vitaminpiller, ud med dem. Nu sætter du dig og gennemgår din omgangskreds, tag

161

eventuelt din mobiltelefon til hjælp. Gå ind i kontakter. Slet alle dem, du ikke gider tale mere med. Skriv en liste over alle de mennesker, der gør dig glad. Skriv en liste over alle dem, der gør dig ked eller irriterer dig voldsomt. Dem, der nasser på dig, dine penge eller dit overskud. Dem, der kun ringer, når de skal have noget, aldrig når de er på toppen, så er de over alle bjerge. Så tager de over til nogle andre venner og sidder ved deres bord, vittige og charmerende, lyttende og indfølende. Hjemme hos dig sidder de og gaber med lyd, selvom du har kogt fond og været i Løgismose efter Vosne-Romanée og pecantærte. Opgiv relationen. Du får ikke det bedste frem i dem. Og omvendt.

2. SORTERINGSDAG. I dag er 2. sortering. Du må godt takke nej og vente på en 1. sorteringsdag. Hellere undvære end at nøjes.

UDVIDELSESDAG. I dag skal noget vokse. Det behøver ikke at være din mås, medmindre du er en skinny bitch med et cykelstativ, der hvor vi andre har en muskel med navnet gluteus maximus, indrammet af fedt. Det kan være din virksomhed eller dit selvværd eller din ømhed for nogen. Det kan selvfølgelig også være din vrede eller indebrændthed. Men det vil jeg nu ikke anbefale.

BRILLEDAG. Der er ikke noget at gøre. Dine arme er for korte. Du har nu gættet dig til store dele af indholdet i de seneste tre romaner, du har læst. Spist to spyfluer, fordi du troede det var rosiner i din müsli, og snavet med en der hedder Gerd, som har den samme frisure som din mand, alt sammen fordi du ikke kan se en skid! Så er det nu! Af sted til optikeren. Lur mig, om du ikke også har en uerkendt bygningsfejl. Det bliver en voldsom omvæltning. Lige pludselig kan du se ting lige foran næsen på dig. Du kan trappe gradvist op og lade være med at tage briller på, når du ser dig selv i spejlet om morgenen. Vent hellere til efter ti, så har hævelserne lagt sig.

ØV-DAG. Nu ved jeg jo ikke, hvor du arbejder, eller om du overhovedet arbejder. Måske går du hjemme og passer dine børn, som er store efterhånden, eller du er på barsel med et gylpende spædbarn på armen og brystvorter, der er så lange, at man kan spille ringspil på dem. Måske er du tilbage på job efter en langtidssygemelding. Måske er du glad og nyforelsket. Men du har en øv-dag i dag. Du må gerne lægge den i puljen, hvis den ikke er relevant for dig. Så kan en anden gøre brug af den. En øv-dag er jo, som vi alle ved, en dag, hvor man ikke går på arbejde eller i skole på grund af øv. Man skal tænke sig godt om, inden man trækker en, det er lidt ligesom at trække reserveskærmen, når man springer i faldskærm. Man kan ikke bare tage en øv-dag i ny og næ efter behag. Det går ikke, for det går ud over de andre på holdet. Man har én om året, så brug den med omtanke.

Det siger sig selv, at det er en dag, hvor man ikke er syg. Man er heller ikke dødeligt fortvivlet, for det sorterer under sygedage, man er bare kæmpe ØV. Øv ud. Man havde en lejlighed med vestvendt altan på hånden og fik den ikke, fordi ens latterlige telefon var løbet tør for strøm, så ejendomsmægleren ringede til

166

den næste på listen. ØV! Man kom ikke ind på studiet, fordi ens dumme ekskæreste glemte at poste brevet til den koordinerede tilmelding. Nej, det kunne jeg godt selv høre, det var en firserproblematik, som ikke længere eksisterer, but you catch my drift. Nogle gange er det bare et kæmpe rungende øv. Og hende foran i køen bliver kunde nummer femhundrede tusind og får en diamantring og sit billede i avisen, og man har lige givet hende en forlomme for at være sød, fordi hun kun havde en mango i kurven. Altså, det lød lidt som noget fra et supermarked i New Jersey i 1950'erne. Men du forstår, hvad jeg mener.

ØV-DAG, EXTENDED VERSION.

Øv, øv og tre gange øv, som Anders And så vist har for-
muleret det. Jeg kan huske en gang, hvor jeg havde tjent
seks tusind kroner i sommerferien på noget opslidende
teater, og det var mange penge dengang i 1989, og jeg
havde hævet dem og lagt dem i en konvolut, fordi jeg
ville forære dem til min eksmand, som ikke var min
eksmand dengang, fordi han inderligt gerne ville købe
en gammel folkevogn. Vi havde skændtes om penge,
som næsten er det værste i et parforhold, og jeg var
gået en lang tur og blevet enig med mig selv om, at jeg
ville hæve de seks tusind, som jeg ellers havde tænkt,
at vi skulle på ferie for, eller købe et stereoanlæg eller
hvad det nu var, det er snart 30 år siden, så det flyder
lidt sammen. Jeg hævede pengene i banken og havde
næsten tårer i øjnene over mig selv, hvor god og kærlig
en kone, jeg var, hvor meget jeg tilsidesatte egne behov
for, at min mand kunne få den bil, hvor, *hvad fatter gør
er altid det rigtige* en kvinde, jeg var. Og så tabte jeg
pengene på vej hjem fra banken.

Jeg travede op og ned ad gaden og ledte, mens jeg bad
til Gud, men de var væk. Håber, en eller anden fattig en-
lig mor fandt dem. Til sidst satte jeg mig på en bænk og

græd. Da jeg kom hjem til min mand og skulle forklare ham, at jeg havde besluttet mig for at give ham pengene og hævet dem og glædet mig til at give ham dem, men at de desværre var tabt, da var det den reneste og skæreste følelse af øv. At skulle komme med en efterretning, som alene handlede om ens gode vilje, som desværre ikke kunne føres ud i livet, fordi man var sådan en kluddermikkel, at man ikke var i stand til at transportere en konvolut med et stort pengebeløb fra A til B uden at drysse dem ud over hele Hunderupvej, ja, det var i Odense, var simpelthen for jammerligt og usexet. Bare en fuser. Øv! Og så må man godt melde sig syg.

SOTTEDAG. Har du lungesot eller blodsot? Næppe, medmindre du har rejst verden rundt som backpacker og raget dig nogle amøber til, fordi du var for nærig til at købe flaskevand. Nå, men så er det sådan. Du har sot. Gå til egen læge. Tror desværre den sottedag er afskaffet for længst. Umiddelbart efter Den Sorte Død. Men hvis den stadig findes, kan du helt sikkert søge om tilskud fra kommunen.

BIDRAGSDAG. Er der noget, du kan bidrage med? Nej? Nå, men så glæd dig over de gigantiske bidragssatser på dit boliglån, du betaler til de banditter i Nykredit.

STORE BEDEDAG. Der er ingen, der siger, du behøver at tro. Men i dag skal du bede. Du kan folde dine hænder og bede en bøn. Du kan også nøjes med at tænke den inde i hovedet. Men hvis du kan overkomme det, så sig den højt. Det er godt at overskride den grænse og tvinge sig selv til højt at bede om det, man ønsker sig. Du behøver på den anden side ikke ønske dig noget konkret. Du kan også blot bede og sige tak for alt det, du har, og alt det gode, der findes i dit liv. Der er ikke noget, man ikke må bede om, nej, sludder, du kan ikke bede om, at det vil gå andre dårligt, eller jo, det kan du godt, men det rammer dig lige i nakken, så lad være med det. Her er en skabelon-bøn, hvis det føles akavet, og du ikke lige selv kan finde på noget:

Kære Vorherre/Gud/Allah/Javhe/Jehova/
Ånden i glasset/Altings ophav.
Tak, fordi jeg er blevet født.
Tak for al den kærlighed, der er i mit liv;
al den kærlighed, jeg modtager, og al den
kærlighed, jeg giver.
Tak for, at jeg har mulighed for at skabe og
forandre. For at bevare og vedligeholde.

172

Tak for mit hjem og min familie, som
forankrer og indrammer mig.
Tak for luften, jeg trækker ind i mine lunger.
For fuglene på himlen og fiskene i havet.
Tak for, at vi mennesker bliver bedre og bedre for
hver dag, der går, til at leve og lade leve.
Tak for, at vi allerede i dag er i gang med at
løse de store problemer med forurening og
krig og uretfærdighed, som altid har været
menneskehedens svøbe.
Tak for, at vi vil lykkes med det.
Tak, for kunsten og musikken og alle de
opfindelser, som gør verden til et bedre sted.
Tak for børnenes latter og de gamles visdom.
Tak for, at jeg befinder mig det allerbedste sted,
i den allerbedste tid, nemlig nu og her.
Tak.

KONFIRMATIONSDAG. Er det dit
barn, der skal konfirmeres? Tillykke. Har I talt om
hvorfor, eller er det bare noget, man gør i jeres fami-
lie? Hvis du skal holde tale, så husk for alt i verden at
sige til dit barn, at du elsker ham eller hende. Det er
fortvivlende at høre taler fra forældre, der slutter med
et *hold dig munter* eller *du er en fin fyr*. Lov at lave
kærlighedsoverload, også selvom I kommer fra Vest-
jylland eller et andet sted, hvor man ikke rutter med
kærlighedsordene.

MORS DAG. Din mor har født dig. Hun har ammet dig og elsket dig. Hun har kvajet sig og lavet kluddermor. Og sagt dumme ting, men hun vil gøre alting godt igen. Prøv om du kan finde det sted i dit hjerte, hvor tilgivelsen ligger. Jeg fik først tilgivet min mor efter hun døde. Og nu ved jeg heldigvis, at hun sidder i Paradis med et glas rødvin sammen med Gud og englene og læser alt, hvad jeg skriver, så derfor kan jeg bedre udholde at tænke på, hvor stejl og uforsonlig og hårdhjertet jeg har været. For jeg ved, hun forstår alting.

DENGANG JEG OPDAGEDE, AT MIN MOR VAR GAMMEL

Jeg havde fri fra arbejde den dag. Min mor havde ærinder i byen og kom med blomster. Tulipaner med løgene på. *Så kan man plante dem ud i haven. Når frosten er af jorden.* Vi havde tilbragt nogle timer sammen med at tale udenom, som man gør, når man er mor og datter. Min mor skulle *også se og komme hjem.* Jeg var også dødtræt og ved at græde hele tiden, som man er, når man er over 30 og alene med sin mor for første gang i mange år. Uden børn eller søskende eller nogen fætre langt ude, som man ikke har mødt siden man var otte og ikke har andet tilfælles med end noget gammelt størknet blod, som man ikke er stolt af, og som aldrig har bragt én andet end problemer. Tænk, at man har gået på universitetet og alt muligt. Og så har man alligevel ikke nogen ord, der ligesom passer til situationen. Hvis der overhovedet er tale om en situation. For det kan man heller ikke være sikker på.

Det er tid at tage afsked. Hun tager min hånd og holder den for længe. Jeg afleder hendes opmærksomhed og lister hånden til mig. For berøring har aldrig været vores stærke side. Jo måske dengang jeg var barn, og min mor knugede mig hårdt ind til sig. Og kyssede mig på munden. Og hviskede *jeg elsker dig*, lige der hvor kravebenet sidder. Og græd og græd så mit hår blev vådt. Dengang var hun meget ulykkelig, og så ryger der jo gerne en finke. Nu bliver det mest til et strejfkys på kinden eller i luften ved siden af. Det passer mig egentlig fint. Fysisk kontakt har altid været min svage side. Min mor tager sin sørgelige frakke på og handsker, for det er koldt udenfor. Og ser på mig med et blik, der så gerne vil, men ikke ved hvordan. Jeg lader, som om jeg ikke har set det og åbner entredøren, og min mor går ud i opgangen og trykker på knappen til elevatoren, så nu går der ikke mange sekunder. Der står hun helt stille, og hendes skuldre er små, og hun har selv strikket huen. Hendes mund er lille, og hvis jeg kunne, havde jeg inviteret hende indenfor. Hængt hendes frakke på

176

bøjle og lavet kaffe og lyttet. Fortalt om barnet og mit arbejde. Holdt om hende, hvis hun var trist, og det ved jeg, hun er. Som man gør med et barn. Været et voksent afklaret menneske med kærlighed til fri afbenyttelse. Men jeg er lille. Elevatordøren smækker, og min mor kører ned og går ud i regnen. Jeg står lidt i entreen og bliver voksen igen og går ud i køkkenet og begynder at lave mad.

TÅGEDAG. Du skal have det lange lys på i dag, for der bliver snakket tågesnak, og du kan ikke se en hånd for dig. Vent med at udstikke ordrer eller drage kategoriske konklusioner. Spark beslutninger til hjørne.

TEMADAG. Jeg ved ikke, hvad temaet er for dig. Men der er altid et tema. Misforstår alle, hvad du siger i dag? Så er det temaet. Prøv at tale meget tydeligt, og stil hellere spørgsmål en gang for meget end for lidt. Opdager du, at alle har været til en fest, du ikke var inviteret til? Føler du dig forbigået, forfordelt? Så er det temaet. Er der nogen i dit liv, du har glemt at invitere? Nogen du har forbigået? Så gør du det godt igen i dag. Temaer handler altid om noget i dit liv, som du skal se efter i sømmene. Kommer du hele tiden til skade? Skærer dig på sakse og smørknive og græsstrå? Så må du lige køre ind til siden, som min mand siger, for du er øjensynligt ikke på rette vej.

NATIONALDAG. Hvis du har norske aner, er der jo ingen vej udenom, så er det på med nationaldragten og en klirrepose med øl og så derudad. Det er jo det vidunderlige ved nordmænd, at de får syet en nationaldragt, når de bliver atten, og den kan de passe resten af livet. De bliver ikke tykke med tiden, lægger et kilo på om året, som visse personer i min helt ultratætte omgangskreds har excelleret i. Selvfølgelig er der nogle ekstra centimeter i sømmen i tilfælde af graviditet, men hvis du er nordmand, er du næsten altid slank. Se bare på Jens Stoltenberg og Thomas Borgen. Aj, den er vist ikke helt videnskabeligt underbygget, den teori, jeg kommer netop i tanke om ham, der spillede Fleksnes i fjernsynet, da jeg var barn. Erna Solberg er heller ikke nogen streg i luften, for ikke at tale om Breivik, som vi ikke taler om, for vi kan ikke holde ud at tale om ham, men han er også noget kvabset. Tilgiv mig, min videnskabelige uredelighed. Vi lader Norge ligge.

Hvis du er dansk, kan du forsøge dig med et lille Dannebrog den 5. juni, som er grundlovsdag og det nærmeste, vi kommer det, for vi har ikke en officiel nationaldag i Danmark. Nå, det vidste du ikke, heller ikke jeg, var nødt til at slå det op. Pas på med det flag, for nogle mennesker bliver meget fortørnede over nationale følelser. Men det beror på en misforståelse. At være glad for det land, den egn, man er rundet af, er helt o.k. Det er ligesom at være gladere for sin egen familie end for folk, man ikke kender. Eller at holde med OB, fordi man er født i Odense. Det betyder ikke noget, så længe vi blot erkender, at dem på den anden side af floden, jernbaneskinnerne eller kloden er nøjagtig lige så guddommelige mennesker, som vi er, selvom vi ikke kender dem. En fremmed er en ven, du ikke har mødt, siger nogle. Min veninde Rio siger, at en fremmed er en, du ikke har mødt. Det er vel i grunden mere præcist. Men derfor er der intet i vejen for, at han kan blive din ven.

SKRIVEDAG. Sæt dig ned og skriv. Hvad der end falder dig ind. Du behøver ikke spekulere på, om nogen skal læse det. Det kan du altid beslutte dig for, når du er parat. *Skriv relativt hurtigt*, som hedengangne Mogens Rukov formulerede det på et manuskriptkursus, jeg engang deltog i, og det er blevet mit mantra. Det er det bedste råd. Når man skriver hurtigt, er der ikke plads til selvcensur, og man ryger direkte i flow, og det er et herligt sted at være. Så kan du redigere bagefter, hvis nogen skal læse det, eller bare lade ordene stå. Jeg kom først i gang med at skrive sent i mit liv, fordi jeg som yngre ikke kunne formulere mine kaotiske tanker, så det lød rigtigt. Det er derfor, jeg skriver så meget nu, at det er ved at være til den gode side. Du behøver ikke læse det hele, hvis du ikke orker, det kan jeg sagtens forstå. Jeg skriver, fordi der er et overtryk af ord, som er staset op i mit gamle grødhoved, og de må ud. Ligesom en byld, der skal skæres, eller når man er meget liderlig og får orgasme, bare fordi man sætter sig på en stol, eller nogen stryger en over håret. Så nu er jeg begyndt at praktisere en slags tantra-skrivning. I stedet for at blive frustreret, hvis jeg ikke har tid til at skrive, fordi jeg har travlt med andre ting, mit arbejde

for eksempel, så tillader jeg, at energien bliver opdæm-
met. Og så på et tidspunkt giver jeg slip og sætter mig
med computeren og skriver i tusind timer og lader det
hele strømme. Det er helbredende at skrive.

POETISK DAG. Læs *Sommerfugledalen* af Inger Christensen. Fundér over, hvor mageløst begavet og matematisk den er bygget op. Find Edith Södergrans samlede digte, som du fik i studentergave, på en støvet hylde i reolen. Fortab dig. Læs Højsangen. Forelsk dig. Slut af med Søren Ulrik Thomsen. Menneske fryd dig.

RESTEDAG. Spis rester. Det er en udmærket spise. Nye spændende smagskombinationer vil opstå. Kold spaghetti med lun leverpostej og tzatziki. Ferskentrifli med koldskål, koriander og en mango som skal spises *nu*, om en time er den begyndt at gære. Spis og ryd op. Og vask så køleskabet med klorin, skyl grundigt og lad døren stå åben, til svømmehalslugten har fortaget sig.

MEDFØLELSESDAG. Føl med. Det er

ikke det samme som medlidenhed. Medlidenhed er den adækvate følelse, når man ser et menneske, der er ilde tilredt, men medlidenhed bør lynhurtigt erstattes af medfølelse, for medfølelse er opbyggelig. Energien i medfølelse går opad. Medlidenhed peger nedad. Medfølelse binder os sammen, medlidenhed skiller os ad. Måske er det medfølelse der får os til at handle. Medlidenhed får os til at føle os gode, men gør os passive.

ÅRETS FØRSTE SOMMERDAG.

Du opdagede det, endnu mens du sov. Brisen fra vinduet, der ramte dit ansigt. Duften af syrener. Når du vågner, er det med sommerfugle i maven og klare øjne. Tag en luftig sommerkjole på, børst dit hår og sæt et silkebånd i. Bare ben i sommersandaler. Koralrosa lak på tåneglene. Af sted på cykel med vind i håret, og mændene med de gule veste og smøger i flaben må gerne fløjte anerkendende af dig, når du kommer i fuld fart på vej til Uni med kjolen oppe om ørerne, så man kan se dine sommerlår, selvom du plejer at være en af dem, der reflektorisk reagerer med en strakt langemand. Men i dag er det sommer.

EROTISK DAG. Gå i bad. I stedet for parfume kører du pegefingeren en tur mellem lystlæberne og dupper dig bag ørerne med din egen yoni-dug. Det gjorde pigerne i gamle dage, inden de skulle til bal på kroen, og karlene blev sært opstemte. Der er effektive feromoner i vores kønslugt, og vi finder tit den rigtige partner med lugtesansen. Sørg for at holde blikket, og rør ved folk. Klæd dig, så man kan se din velskabte krop. Flirt med kvinder og mænd og dem, der vil omtales i flertal. Vi lever i en lidt presset tid rent erotisk, for signalerne er rodet sammen, og en rød mund og en stram rød kjole betyder ikke længere, at der er fut i fejemøget. Nu kan det betyde, *ikke se, ikke røre, fuck dig selv, jeg sidder her med baberne oppe under hagen for min egen skyld, og du kan nære dig for at glo på dem, sexistiske piknar!* Ak ja. Det er ikke let at være nogen. Så giv ved dørene i dag. Man skal ikke være nærig med sit kønsorgan. Man skal absolut ikke skamme sig over det, hvis man har en stor erotisk appetit, den vil skabe glæde og måske nyt liv. Der er mange, der bliver glade og taknemmelige for at få lov at dyppe næbbet i dit erotiske bassin. Giv ved de erotiske døre. I glæde, lyst og liderlighed.

SYNGEDAG. At synge er at oplade sin røst. Hvad holder dig tilbage? Synes du ikke, du synger godt nok til at synge sammen med andre (hvilket overhovedet ikke er sandt, men måske er det sandt for dig, og for mig for den sags skyld. Jeg kan heller ikke synge tonerne, så de lyder, som de gør, inde i mine klangrum)? Men så syng, når du er alene hjemme. Syng med på din yndlings Billie Holiday-sang, syng *Halo* sammen med Beyonce. Syng begge stemmer i Rossinis kattearie. Hvad som helst. Det vigtigste er, at du synger. Babyer græder og skriger. Det må vi ikke længere som voksne, for så bliver folk trætte af os, og vi gør de små børn bange, og hundene begynder at gø. Men vi må gerne synge, selvom mange børn får varmt vand i munden og skal brække sig lidt, hvis de hører deres mor lege Ella Fitzgerald. Måske bliver de bange for det indlysende, iøjnefaldende kontroltab og *hvem skal så passe på mig, når mor står der med det hvide ud af øjnene?* Stik en finger i jorden, inden du kaster dig ud i alt for voldsomme fraseringer, hvis dine børn er meget følsomme, og det er børn som regel. Meld dig ind i et gospelkor, og kryng, som er en sammentrækning af kræng og syng, dit hjerte ud, uanset om du tror på Gud eller ej.

Det smukke ved gospel er, at to-tre reelt tonedøve med-
lemmer faktisk bare giver en ekstra spændende klang.
En særlig blå vibe.

SØGNEHELLIGDAG. Er en helligdag, der falder på en hverdag (søgnedag). Så lærte vi det. Gå i haven.

INDIANERDAG. Er dine fjender ude efter din skalp i dag? Som et gammelt indiansk ordsprog siger: *Coyote is always out there waiting, and Coyote is always hungry (Navajo).* Er der nogen, der bevidst fordrejer dine ord? Har du kvalme over alt det lunkne lort, der flyver gennem luften? Så husk: *Listening to a liar is like drinking warm water (ukendt stamme).* Er der nogen, som sidder og smeder rænker i ly af deres computerskærme og bagvasker dig? Sådan er det, *it is easy to be brave from a distance (Omaha).* Spørg dig selv, hvordan det er kommet så vidt, og lyt nøje til svaret, *ask questions from your heart and you will be answered from the heart (Omaha).* Det er sandt, du vidste det jo godt, at der var noget under opsejling, du kunne mærke det mellem skulderbladene, høre det i vinløvet, at nogen ventede på, at du begik en fejl, så de kunne tage dig og putte dig i gryden. Til en anden gang: *A danger foreseen is half-avoided (Cheyenne).* Bliv hjemme. Lad, som om du er ude at gå Caminoen uden mobildækning. Hold rædslen for en pøbel, der vil lynche dig i den nærmeste lygtepæl, fra livet. Prøv at bevare din tro på mennesker. Og på dig selv. Forfald ikke til had og hævnlyst, selvom det er fristende. Botaniser ikke i folks motiver, *før du kan forstå en mand, må du vandre en mil i hans mokkasiner.* Se op mod himlen, se ned i græsset, lad solen varme dine kinder. Du er beskyttet. *Regard Heaven as your father, Earth as your Mother and all things as your Brothers and Sisters (ukendt stamme).*

LATTERDAG 2. Måske er der ikke umiddelbart noget at grine af i dag? Men så må vi ty til billige kneb. Se *Dum og dummere* eller gamle Eddie Murphy stand-up-shows. Eller noget på YouTube med nogen, der taber en bryllupskage, eller en fyr, der klipper japanske turisters selfiestang over med en grensaks. Hvis intet virker, går du ned i en pornobutik og køber en flaske poppers.

HIMMELDAG. Se på himlen. Måske er den blå, måske er den grå. Måske er det herregårdsvejr med fluffy hvide skyer, som ligner noget, børn har tegnet. Uanset hvad, så er det lige den himmel, det skal være. Himlen er nemlig altid, præcis som den skal være. Hvis du er gammel spejder og har lokket din familie med på telttur, så håber jeg, at himlen er med dig, og det ikke bliver skybrud. Men hvis det gør, så må du råbe *vær beredt!* og forskanse dig med familien i teltet, som du snarrådigt har gravet en rende rundt om. Hvis det hele drukner i regn, og I er nødt til at tage hjem før tid, fordi børnene græder, og din kone eller mand er muggen og føler sig lokket i en af dine dumme spejderfælder, så glæd dig over, at I har et hjem at tage hjem til. Der er mennesker i verden, som sidder i et telt i skybrud. Og det er det hjem, de har.

SVIGERDAG. Hvis du har svigerforældre, så er det fordi din partners forældre lever. De er den primære årsag til, at han (eller hun) er, som han (eller hun) er. Og ham (eller hende) kan du godt lide. Tak dem. Vis dem respekt. Jo sødere du er over for din svigermor, desto mere elsker din mand dig, siger et kinesisk ordsprog. Gas, men lad os aftale det.

FODDAG. Tag sko og sokker af. Se dine fødder
i øjnene. Stil følgende op på række: Meget varmt vand i
balje med badesalt, en pimpsten, en tre-i-ener, en oran-
gepind, acetone, vatrondeller, creme. Rens gammel
neglelak af, og kom derefter fødderne ned i det var-
me vand. Skrub hæle og hård hud, hvor du finder den,
med pimpstenen. Begynd fra den ene ende, og arbejd
dig igennem neglene, som du klipper lige over. Skub
neglebånd tilbage med orangepinden. Giv dig selv en
fodmassage, selvom det er kedeligt. Tør de rene fødder
i et hårdt, kradsende håndklæde, som er vasket uden
skyllemiddel, så de sidste rester af døde hudceller drat-
ter af. Polér eventuelt neglene. Pæn neglelak på, gerne
i en mørk farve, så man ikke kan se, at dine negle er
begyndt at gulne. Slut af med en fed, fed creme. Sæt
dig med benene oppe og en god bog.

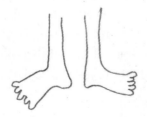

BANGEDAG. Hvis du altid går rundt og er lidt småbange, så springer du denne dag over. Men hvis du er en af dem, der dagligt prøver at holde Bange fra livet med udtryk som: *Det skal nok gå, det hele*, og: *Menneskeheden har altid løst problemerne i sidste øjeblik*, så er det i dag okay, at du overgiver dig til Bange. Hvad nu hvis vandstanden stiger en meter i vores levetid? Hvad hvis der bliver verdenskrig? Hvad hvis bierne dør? Hvad hvis hele Afrika flygter til Europa? Hvad hvis? Ja, hvad hvis. Så ender det hele med et brag. Men hvad hvis der ikke er noget liv efter døden, eller hvad hvis der findes et helvede, eller hvad hvis man bare bliver ædt af ormene, som skider en ud bagefter? Ja det er alt sammen noget møg, men der er til gengæld ikke så meget at gøre ved det. Så lad bare angsten gennemryste dig i dag, indtil du ligger helt udmattet på gulvet. Vi ved ikke, hvad der kommer til at ske. Du kan lige så godt acceptere det. Gør dig umage. Vær så godt et menneske, som du overhovedet kan. Måske hjælper det på verdens tilstand (det tror jeg), måske gør det ikke en hujende forskel. Men i dag må du gerne være bange. Bare du lover ikke at være det resten af året.

JUNI

BLOMSTERDAG. Køb blomster. Gå hjem, og sæt dem i vand, og stil dem på spisebordet. Hver gang, du går forbi vasen, glæder du dig over, at der ikke skal mere til.

GIV AFKALD-DAG. I dag giver du afkald. Du behøver ikke den tebirkes fra Lagkagebageren på vej til arbejde. Den kan en eller anden sød tynd studerende gå ind og købe og tage en bid og sige *gud, hvor er jeg mæt* og gemme den i tasken og først komme i tanker om den i overmorgen og smide den ud, fordi den er blevet tør. Idiot. Eller du kan give afkald på de 400 kroner, din ludfattige kollega skylder dig. Eller på behovet for at være hende, det er synd for.

RYTMISK DAG. Alle mennesker har rytme i kroppen. Nej, vent, jeg starter lige et andet sted. Alle mennesker har *oprindeligt* rytme i kroppen. Men det er for nogles vedkommende efterhånden længe siden. Det er min klare overbevisning, at det kan genlæres. Er du en af dem, der knipser på et og tre, når du hører jazz? Fortvivl ikke. Dels er du et lige så fremragende menneske som dem, der knipser på to og fire, selvom du er ugleset, når du er sammen med Fats Waller-fans og Thelonious Monk-aficionados. Men pyt. Du har en puls, kan du mærke den? Nej? Nå, men så lyt til regnen, der trommer mod ruden, kan du høre et mønster? Ikke? Ved du hvad, du skal bare fyre den af på danse-gulvet. Jeg kender en prima fyr, der hedder Valdemar, som jeg har prøvet at lære at danse ad flere omgange. Og det lader sig ikke gøre. Han keder sig, hvis han kun må bevæge sig, så det passer på taktslagene, til gengæld laver han alle de bevægelser, der kan nås inden for en takt. Nogle af dem rammer rytmen, men de fleste gør ikke. Og han elsker at danse og er en gave til en hvilken som helst fest. Enhver danser med sit næb, skal vi ikke bare sige det.

BANGEDAG 2. Du er bange. Du ved ikke, hvor det her ender. Er du færdig som gårdsanger? Udstødt af gøglerbranchen? Skal du gå i landflygtighed? Risikerer du en tur på træhesten eller i gabestokken nede på Fisketorvet? Står den på korporlig afstraffelse, pryglestraf, amputation eller knusning af lemmer? Kan du risikere at blive angrebet af en frådende menneskemængde? Eller det, der er værre (kan ikke lige komme i tanker om, hvad det skulle være). Tag de store solbriller på, også psykisk. Tag en taxa ud i lufthavnen og af sted til en mediterran, vinproducerende destination. Drik al den rosévin, du kan. Efter fjorten dage kan du komme hjem igen. Så er det en ny, der bliver rullet i tjære og fjer. Send vedkommende en opmuntrende sms.

GRUNDLOVSDAG. Vi har en grundlov. Den er svær at lave om i. Sidste gang, den blev ændret, var i 1953. Det kræver, at 40 procent af alle stemmeberettigede stemmer ja. Altså af det samlede vælgerkorps. Ikke bare af dem, der stemmer. Så hvis man ikke interesserer sig for politik eller vil være sikker på, at der ikke sker nogen forandring, så skal man bare blive hjemme. Nå, men vi gider ikke være uvenner, og jeg siger ikke noget. Og det kunne have været meget værre: Oplyst Enevælde. Så hellere Uoplyst Demokrati.

ELLER

FARS DAG. Jeg har desværre ikke den fornødne viden og erfaring inden for dette felt. Vi brugte ikke det med far i min familie. I hvert fald ikke længe nok til, at det rigtig fik bundfældet sig. Men lyt til Gitte Hænning, hun synger om begrebet, og der findes masser af fremragende litteratur om emnet. Og de fleste amerikanske film handler om noget med en søn og en far. Ellers spørg en, du kender, med synlig far.

D-DAG. Slå det op.

LUKSUSDAG. Alt det, du synes, er ekstravagant, er tilladt i dag. Champagne i din friskpressede appelsinjuice. Piskefløde i kaffen. Brug den dyre serum på hele overkroppen. Få en privat yogasession i eget hjem og derefter en totimers massage hos Lone. Spis fjordrejer. Få eneundervisning i noget. Gå til skrædderen, og bestil en buksedragt i helsilke. Sov på hotel. Bestil værelse med udsigt. I morgen er det budgetdag.

BUDGETDAG. Kort styrtebad. Læs dagens aviser på biblioteket. Gå på loppemarked og i genbrugsbutikker, og køb alle dine julegaver, og læg dem i gaveskuffen. Tjek spotvarer i Netto. Hvis det er muligt i dit nærområde, så skralder du og kommer hjem med aftensmaden, samt masser af enlige bananer, kiks og olivenolie med beskadiget emballage. Opdag, at der er masser af gratis glæder i vores rige samfund, og at du kan leve på en sten.

FLIRTEDAG. Vi må have vendt skuden, for ellers bliver det kedeligt at være et menneske i verden. Den seksuelle energi mellem mennesker er en kraft. Det er en kreativ energi. Når vi møder nogen og synes, de er ovenud appetitlige, så vågner kundalinikraften. Det handler ikke om liderlighed, som også er dejlig, men om noget meget større. Vi skal ære det erotiske i os selv og hinanden. Kvittere med et blik eller smil. Og det må vi lære vores teenagebørn, både pigerne og nok især drengene. At se hinanden i det erotiske lys handler ikke det fjerneste om magt eller nedgørelse, det handler tværtimod om at ære den største kraft i universet, nemlig kærligheden. Den, der får blomster til at springe ud og mennesker til at forene sig og skabe liv. Den må vi ikke jaske med. Flirt, og kast lys og kærlighed på dem, du flirter med. Det gør os alle sammen større og smukkere.

TIVOLIDAG. Tivoli er åben.

FORHANDLINGSDAG. Ring til forsikringsselskabet, og prut dine forsikringer minimum 1500 kroner ned på årsbasis. Forhandl dig frem til en bedre aftale med din eksmand omkring fordelingen af børn i ferier og ved højtiderne. Sig *arh!*, når ekspedienten i Lagkagebageren siger 255 kroner for fem kanelgnufler og en pakke smør. Råb *så er de også betalt!* og *tror du, jeg er Rockefeller* og andre pinlige Joakim von And-agtige udbrud, selvom de andre kunder ser forlegent ned i gulvet. Kræv nedslag i prisen med argumentet, *jeg er her flere gange om dagen.* Få 15 kroner i rabat, som du veksler til en rosinbolle.

REGNVEJRSDAG. Det regner. Det er sikkert godt for haveejerne eller landmændene. Og måske er du heldig, at elevfesten med din gamle folkeskoleklasse, som du seriøst ikke orker, fordi alle ryger direkte tilbage i deres gamle roller, bliver aflyst.

MARIE ANTOINETTE-DAG. Ifør dig

noget, der er over the top i forhold til vejret og almindelig dresscode på din arbejdsplads. Kjole med slæb. Lange handsker, medmindre du arbejder i en fiskeforretning. Annoncer højlydt, at du er nødt til at tage en powernap efter frokost, gerne under dit hæve-sænkebord, hvis du arbejder i et storrumskontor. Sørg for at have en pude og en cashmereplaid, fordi du ikke kan tåle noget, der kradser. Bed de andre på kontoret om at være stille, imens du sover. I dag må du endelig gerne være lidt off med penge og privilegier. Insister på at lade taxaen holde foran Irma, mens du handler. Det er dine egne penge, som du har betalt skat af, så bare fyr den af. Bed om at få flyttet rundt på møblerne på hotelværelset, hvis du er på hotel, forklar receptionisten, at du aldrig sover med fødderne mod døren på grund af noget feng shui. Sig ting som *siden hvornår er banken begyndt at lukke kl 16 på hverdage?* Køb en alt for stor gave til en børnefødselsdag for et perifært barn. En cykel eller en meget dyr dunjakke. Eller lav en børneopsparing til din nye nabos søn, som du kun har set en gang i vaskekælderen. Råb *må man nu ha' lov til at more sig i åbningstiden* og inviter en hjemløs

214

mand med på Sticks'n'Sushi. Bestil deres bedste sake, og kræv, at den bliver varmet op til præcis 44 grader, fordi det er dit lykketal. Tag en dyr ring af, og giv tjeneren den i drikkepenge. I morgen er alt ved det gamle, og du må ringe til banken og få bevilget et overtræk.

JØRGEN LETH-DAG. I dag vil vi neje eller bukke os i støvet for en af de gamle hanelefanter, som rejste sig igen, efter at alle – krybskytter, konkurrenter og kasseformede ekskonkubiner fra fortiden – gik i fakkeltog for at vælte ronkedoren af pinden og bortskære hans prægtige stødtænder. Og vi vil hylde ham for, at det ikke lykkedes. Han har dem endnu. De er gulnede men stadig spidse. Nogle mennesker sidder i deres elfenbenstårn og larmer, andre bærer deres elfenben i egen flab. Vi gør reverens.

GENFORENINGSDAG. Du kan fejre, at Sønderjylland blev genforenet med Danmark i 1920. Eller måske er der en anden genforening, der rangerer højere i dit liv? Da du blev genforenet med din tvilling, som du blev skilt fra ved fødslen, og I mødtes under uret i præcis samme tøj og ens fornuftigt fodtøj og begge var gift med en, der hedder Gregers og er amatørornitolog.

VANDEDAG. Medmindre der er vandingsfor-
bud, så skal du vande din have i dag. Eller din altan-
kasse eller dine potteplanter. Hvis du ikke har nogen
af delene, så vander du alt det i dit liv, der trænger til
vand. Og nu du er i gang: Er der noget, der er udtørret,
noget du har glemt at give opmærksomhed? Er dine
små børn snotnæsede med uglet hår og lådne tænder?
Er din datters hårspænde gledet ned og hænger trist
i hendes tynde kommunefarvede hårtjavser? Er din
teenagesøn sort om næsen af hudorme, fordi du ikke
har kigget ham efter i sømmene i lang tid, fordi du er
forskrækket over, hvor grim du synes, han er blevet,
og hvor meget han minder om din bror, som du ikke
har set siden den betændte arvesag i sluthalvfemserne,
som handlede om en gyngestol af ukendt oprindelse,
formentlig i finer, læs: manglende opmærksomhed fra
din fordrukne far, som favoriserede din bror, som var
det eneste barn, han var sikker på at være far til. Er
din mands hud helt rød og tør på albuerne af mangel
på kærlighed? Hænger hunden med næbbet, det gør
den næppe, men med snuden? Hænger katten med po-
terne, og ligger undulaten stiv som et bræt på bunden
af buret, som ikke har fået skiftet sand i månedsvis?

Så er det nu, min ven. Alt det du elsker, skal vandes, så blomstrer det. Vand med kærlighed. Mennesker og dyr og planter bliver smukkere og stærkere af at blive elsket. Og husk dig selv. Du er elsket. Selvom du har været en sløj type med tørre læber og dårlig ånde det sidste halve år. Vand dit liv med kærlighed. Det, du ikke ønsker inden for dørene: bitterhed, misundelse, nærighed med videre, kan du med fordel udtørre.

EKSAMENSDAG. Du kan godt, og ellers kan du næste gang.

KURSUSDAG. Du skal på kursus. Med overnatning. Prøv at lade være med at knalde nogen, der er gift med en skidesød kvinde, der er cand.mag. i fransk og historie og gravid med deres tredje barn.

KØDDAG. I dag, når du står ved køledisken, så tager du pakkerne med kød op til øret, som man gør med en konkylie. Kan du høre skriget fra det dødsensangste dyr på vej til slagtebænken? Nej? Lyt efter. Hvis der ikke er noget skrig, må du gerne købe kødet og gå hjem i dit køkken og stege det og spise det med stor fornøjelse. Men hvis du kan høre muhen og mæhen og det høje menneskelignende hyl, som angste svin stikker i, så lad det ligge. Så er du for følsom. Det kræver stamina og en vis kynisme at spise kød. Nogle spirituelle mennesker mener, at man ved at slå dyr ihjel tiltrækker død. Jeg er ikke helt afklaret omkring det. Jeg spiser en del kød, dog kun fra dyr, som har haft et godt liv. Medmindre den smutter for mig i Rema, og jeg køber nogle flæskesvær, som jeg spiser i smug. Men du gør det, du må gøre. Vi har alle vor egen vej. Måske bliver man genfødt som svin, og så går det jo lige op.

TORVEDAG. Find en flettet kurv og tag et tør-
klæde om hovedet og ingen makeup. Gå på marked
eller torvet, eller hvad der er i din by. Køb porrer og
baguettes og pølse og Alsace-vin og andre aflange føde-
varer. Det ser så godt ud i en kurv. Køb krydderurter og
honning, nogen selv har slynget fra bier i egen bigård.
Smil til folk og mærk, hvordan det er at leve i et lille
samfund. En selvforsynende landsby. Føl dig som en
del af en gruppe.

MIDSOMMERDAG. Så bliver det ikke lysere. Fryd dig, og sørg for at bruge lyset til noget. Drik det i store slurke. Fyld dine øjne med lys. Du får brug for det, når de mørke tider kommer.

TYCHO BRAHE-DAG.

Hvis alt går galt i dag, så er det ikke, fordi du er et udueligt menneske, men fordi planeterne står lidt uheldigt, eller hvad du nu tror på. Hvis du skvattede i en ledning i morges og slog albuen, og der ikke var mere toiletpapir, fordi de mennesker, der bor i din husstand er distræte eller lige-glade eller nogle selvoptagede røvbananer, og da du med bruseren prøvede at gøre dig selv ren for afføring, opdagede du, at håndværkerne havde slukket for det varme vand, så du måtte tage nogle makeup-servietter i brug, og nu svier dit numsehul. Og der var rød bølge på vej til arbejde, og du havde glemt et morgenmøde med den nye chef, og du synes, du lugter af kat under armene grundet det manglende bad. Og lidt af numse. Hvis du skærer dig på noget pap, når du skal åbne en kasse med printerpatroner, så er det sådan en dag. Lad være med at tage vigtige beslutninger, og glid af på konflikter. Køb takeaway, for hvis du kaster dig ud i madlavning, risikerer du, at noget brænder på, og at der går ild i dit hår. Skynd dig i seng.

SANKTHANSDAG. Var til sankthans med venner og erfarede til min store skræk, at INGEN kunne teksten, det kan jeg heller ikke selv, kun tre af versene, så det får være, men OVERHOVEDET INGEN kendte den rigtige melodi til *Midsommervise*, alle sang Shu-bi-duas, som også er vældig god, men altså, sikke et dannelsestab. Her kommer et bud på en ny sang, som jeg skrev til sankthans for nogle år siden. Indtil en venlig sjæl komponerer musik til den, kan vi synge de fleste af versene på *Op al den ting som Gud har gjort* hvis vi strækker nogle af vokalerne.

SANG TIL SANKTHANS
Der er et yndigt land, det står med brede bøge,
fra Hirtshals og til Køge omgivet mest af vand.

Og her er godt at være, for her bor søde folk,
og en bliver skolelærer, og en bliver døvetolk.

Og børn får diagnoser og rygerne skældud,
og nogen går med poser og rødlig drankertud.

226

Og nogen bor på gaden og slås mod regn og blæst,
de har knap nok til maden og sover på en rist.

Og nogen tjener penge og nogen folk har magt,
og nogen sover længe og andre går i takt.

Og nogen de ta'r stoffer og klatter livet væk,
og nogen spiller offer og andre spiller fræk.

Og nogen elsker diller og nogen elsker fjams,
og nogen elsker begge og kaster sig i grams.

Og nogen har paraboler og er gode til fremmede sprog,
og nogen mænd går i kjoler, og ingen ku' slå Anders
Fogh.

Og mange er på Facebook, og taler alting ned.
Og der er tænders gnidsel, hvor der ku' være fred.

Lad os være en stor familie, for vi er på samme hold,
en rose, en tidsel, en lilje, en favn, som aldrig bliver
tvivlende kold.

Lad os tænde et lys for hinanden og tænde et lys for
os selv,
se glasset er helt fyldt til randen, nu hvor som'ren så
småt går på hæld.

STENALDERDAG. Bag et stenalderbrød.
Tag nogle æg og nogle kerner, og bland dem med noget vand fra en vandpyt og for en sikkerheds skyld noget grus, så du kan slide tyggefladerne af dine tænder. Bag det over bål på en nødtørftigt rengjort sten. Skrab det brændte af. Tag en bid. Prøv at holde den i dig. Opgiv, og bræk dig. Smid resten ud. Gå eventuelt på McD.

DOVEN DAG. Du gider ikke noget i dag. Bliv i badekåben, den fra Ikea med en løs bæltestrop. Den med en makeupkant på kraven og en ubestemmelig farvet plet bagpå, fordi du har haft menstruation i den uden underbukser. Den skal også snart kogevaskes med blegemiddel, men det bliver ikke i dag. Du gider ikke noget med vask og rengøring i dag. Du gider knap nok synke dit eget spyt. Hvis du bor alene, så lad det løbe ned på badekåben. Meld afbud, hvis nogen har krævet din tilstedeværelse ved en familiemiddag. Ring efter mad, bed buddet om at stille den foran døren, så han ikke bliver bange, når han ser dig.

HVERDAG. Da jeg var ung, levede jeg for mine weekender, og resten af ugen var noget, der skulle overstås. Men en fredag aften, da jeg var i trediverne, opdagede jeg, at jeg stod og strøg mit tøj og lyttede til P1. Og at jeg var lykkelig. Hverdagene er der flest af, så find glæden i dem. Glæd dig, når du sætter dine varer i køleskabet. Når du hænger vasketøj op. Når du smører madpakker, aj, det kan jeg godt selv høre, at smøre madpakker er nok det værste i verden. Men så lad ungerne smøre dem selv, eller lad det gå på omgang, og gør det til en kærlighedskonkurrence om, hvem der smører de bedste madpakker, og vedkommende får en præmie. Sæt lys i stager, afrim en fryser, støvsug under en sofa. Alt kan forvandles fra rutiner til hverdagskærlighedshandlinger.

SPIRITUEL DAG. Du vågner med et spjæt
og kigger på uret, og klokken er 01:11, din fødselsdato,
så der er længe til du skal op, men dagen er allerede
startet godt. Ved morgenbordet tænker du på en be-
stemt spansk sang, som du elskede som barn, og da
du sætter dig ud i bilen og tænder for radioen, gjalder
Porque te vas ud i kabinen. Og du har ikke hørt den
sang i mange år! Du griber din mobil for at ringe til din
veninde Jacqueline, som ikke har givet livstegn fra sig
siden sidste sommer, men når ikke at foretage dig no-
get, før du ser hendes navn på displayet. *Jeg skulle lige
til at ringe til dig*, gisper du. *Hvor sjovt, jeg drømte om
dig i nat*, svarer hun i den anden ende af røret.

Du kigger på uret, klokken er 11.11. Du skal til eva-
luering med din chef og er usikker på, hvad der ven-
ter dig, så du foretrækker til dametoilettet og mediterer
på, at det bliver et godt konstruktivt møde. Du sørger
for at være der i god tid og trækker vejret dybt ned i
lungerne og får styr på dine flyvske tanker. Din chef
kommer hæsblæsende otte minutter for sent og roser
dig for dit store overblik og din behagelige omgangs-
tone og topper med en lønforhøjelse. På vej hjem køber
du en stor buket tulipaner hos blomsterhandleren, som

gratis giver dig et bundt franske anemoner oveni, for som han siger med sin charmerende accent, *man må aldig gå ne på blomsta*. Men du når ikke hjem, for din veninde Monas mand ringer og fortæller, at hun har født tre uger for tidligt og ligger på Riget med et smukt drengebarn i favnen. Du styrter derind og giver hende tulipanerne og beundrer den lille nye sjæl i verden. Du holder barnet, som ser på dig med et uudgrundeligt himmelblik med sine blåviolette øjne, og du føler stor ærbødighed for livets mirakel. Din veninde falder udmattet i søvn, og du får en god snak med hendes mand, Rolf, som du aldrig rigtig har haft fidus til, dels på grund af navnet, dels det faktum, at han er flymekaniker og ikke for fem flade øre kreativ, og han viser sig selvfølgelig at være alle tiders fine fyr, og de kærlighedsøjne, han ser på din veninde og barnet med, får dit snobberi til at evaporere og overbeviser dig om, at han er den helt rigtige for hende. Du kommer endelig hjem og sætter de franske anemoner i vand. Spiser et stykke knækbrød med Comté og drikker en kop kulsort te. Du gaber og ser på uret. Klokken er 22.22.

ERINDRINGSDAG. Er der noget, du har glemt? Ja heldigvis, for det er ikke meningen, at hele fortiden skal ligge i rygsækken og tynge os ned. Ude af øje, ude af sind og *let bygones be bygones* er glimrende leveregler. Men de gode minder skal vi i dag tage frem, og vi skal pudse dem og snuse til dem og glæde os over dem. Dengang et barn blev født. Dengang på den kridhvide strand, hvor en elsket person hviskede ord i dit øre. Dengang en hånd blev lagt oven på en anden hånd, og vi sad der i stilheden og elskede et andet menneske uden skyggen af tvivl, alle forbehold blev vist vintervejen, og ord var overflødige.

233

GRÅVEJRSDAG. Oven over skyerne er him-
len altid blå. Ja, tja, bum bum bum. Relativt ubrugeligt,
hvis du skal holde havefest. Men heldigvis regner det
ikke. Eller kun lidt. Ærgr dig. Eller prøv at tælle nuan-
cerne af grå. Eller sæt dig med en bog og et tæppe og
lyt til Schuberts *Winterreise*.

FESTDAG 2. Så er det på den igen. Og du er voksen og har dækket op ved et langbord i gården. Du har lavet en guddommelig bordplan, hvor alle får det bedste frem i hinanden. Ja, bordplan. Det der med, at damerne lægger en sko i en sæk, og mændene skal trække en borddame er strengt forbudt! En bordplan kræver nøje overvejelser. Og sæt aldrig de sjove ved siden af de kedelige. Så visner de sjove. Sæt de kedelige sammen ved et bord, de synes jo ikke selv, at de er kedelige. De sjove sætter du ved to borde, som går i luften og trækker resten af selskabet med op. Masser af alt samt isterninger og toiletpapir. Og du har naturligvis sat en seddel op i opgangen.

JULI

LYKKEDAG. Du vågner helt udhvilet og gennembollet. Dit hår er uglet. Dine øjne skinner. Der ligger en sød ved siden af dig. Livet er underfuldt. Du lister ud og laver morgenmad og sætter en fresia i en lille vase på bakken. Du serverer morgenmad på sengen for den søde, som vågner og ser glad på dig med sine skønne øjne med søvn i. I spiser ristet brød med smør og appelsinmarmelade og drikker perfekt kaffe med varm mælk, og I skubber bakken ned i benenden og knalder med krummer og kaffeånde og nattesved, og det er det bedste i verden, og bakken vælter ned på gulvet, fordi du under orgasmens tsunami rammer den med hælen, men hul i det. Og bagefter ligger I og betragter hinandens ansigter, kærtegner hinandens kinder og næser med pegefingeren. I tegner hinanden på ryggen og skriver beskeder, og den anden skal gætte, hvad der står, og han skriver *I love you* på din ryg og du gætter det og vender dig om og ser hans øjne, og verden er et vidunderligt sted.

SOMMERDAG. Åh, det er varmt. Bare ben, vind i håret. Rosévin og grillpølser på læben. Saltvandshår. Saltvandskrop. Den dejlige måde ens mand eller kone ser sexet ud på, når de kommer op af vandet og ligner noget fra en James Bond-film.

SUPPEDAG 2. Der er intet som en kold suppe på en varm sommerdag.

GAZPACHO

Blend otte bøftomater, en agurk og en grøn peber-frugt eventuelt sammen med lidt kogt, afkølet vand. Salt og peber. Du kan også smide to skiver hvidt brød i, som er udblødt i vand i ti minutter, hvidløg og chili efter behag. Hæld suppen op i en pæn skål, og stil i køleskabet i en time. Hak en udkernet agurk fint og nogle ligeledes udkernede tomater og måske lidt forårsløg og hæld dem over suppen. Servér med grillet brød stænket med god olivenolie.

FULD OG LESBISK-DAG. Den kommer til alle os, som primært opfatter os selv som heteroseksuelle, på et tidspunkt, og så er det om at slå til! Det smager lidt ligesom kylling.

SANG OM MY

En aften hvor jeg var lidt fuld, paraderne var nede,
der stod en tøs på dansegulvet af det pure guld.
Det var den sommer 89, og nætterne var hede,
og hun var heldigvis vist også fuld.

Vi fandt et rum til festen, det var vist et pulterkammer.
Jeg rørte hendes hår og hendes kind og stærke kæber.
Vi kigged' lidt og endte med en blid forsøgsvis
krammer,
hun smilede og spidsede de smukke bløde læber.

Og vore munde mødtes, og hun smagte af syren,
det gjord' hun over hele pigekroppen.
Vi var et samlesæt, og hun syn's også jeg var pæn.
Vi var én fælles krop.
Det var på toppen!

Men næste morgen var det svært, og
jeg slog blikket ned.
For jeg var skrupforvirret og desuden var jeg gift.
Den nat den måtte være vores søde hemmelighed.
Jeg tog en taxa.
My afslog et lift.

SORT DAG. Måske har du været på Roskilde. Dine tæer er sorte. Dine lunger er sorte af alle de smøger, du har røget. Det retter sig, og det gør dit sorte sind også, men det tager nogle dage. Du er ikke begyndende depressiv, men din krop er i undtagelsestilstand. Gå i bad, og vask støvet af. Prøv at hoste grågule urinstøvsklatter op, så din iltoptagelse bliver forbedret. Drik rigeligt med væske. Sov.

LIGGEDAG. Du kan ligge meget i dag. Gerne sammen med andre. I en seng og husk, at man ligger, som man har redt. *Wie man sich bettet so liegt man.* Ja undskyld, men det lyder altså bare bedre på tysk. Eller på en strand, på græsset, i en hængekøje, på et gulv. Ikke at forveksle med læggedag.

LÆGGEDAG. Der er indtil videre ingen efterretninger om begrebet 'læggedag'. Lover at vende tilbage, så snart jeg ved noget. Nu ved jeg noget. Den findes kun i kartoffelavlersprog, så vi inddrager dagen til grammatikundervisning. Verbet lægge er transitivt, det vil sige, det tager objekt. Jeg lægger æblet på bordet. *Jeg* er subjekt, *lægger* er verbum, og *æblet* er objekt, *på bordet* er en adverbiel præpositionsforbindelse.

Jeg ligger i sengen. *Jeg* er subjekt, *ligger* er verbum, som er intransitivt, så der er ikke noget objekt, *i sengen* er en præpositionsforbindelse. Så det hedder ikke 'jeg ligger mig i sengen', jo, hvis du lige er kommet til landet, men ikke hvis dansk er dit modersmål. Aftale? Og nu vi er i gang, det udtales ikke penge, det hedder pænge, selvom det staves med e. Det hedder ikke en fæo det hedder en færge. Og vi vil gerne høre r-et i nerver. O.k. Godt, og stik så af med dig. Nej, vent lidt, det hedder nidstirre, ikke nedstirre.

245

BRYLLUPSDAG. Den bedste dag. Måske er det dig, der skal giftes? Åh, hvor jeg sender dig alle mine hjerteligste lykketanker! Din kæreste friede til dig, eller hvad? Friede du selv? Hm ... Nå, pyt med det, men lov mig, at hvis du får en datter, så lær hende, at det er manden, der frier. De har så få privilegier tilbage, de stakler, efter #metoo.

Jeg ved, du bliver en smuk brud. Dine øjne stråler allerede, din hud gløder, dit hår skinner. Giv slip. Hvis du prøver at kontrollere alt i dag, bliver du skuffet og får stress, og så drikker din nyslåede husbond sig alt for festivalfuld, og du kommer til at tage det *gamle* perlehalsbånd, det *nye* silkeundertøj, det *lånte* blondeskørt og det *blå* strømpebånd af selv. Grædende. På hotelværelset med rosenblade på sengen og uåbnet champagne i køleren. Nej, den vej skal du ikke tage. Vær blød. *Go with the flow.* Nyd alting i dag, det er den bedste strategi i livet generelt, men især på en bryllupsdag. Lige meget hvad din ægtemand siger i talen, om han stammer og vrøvler, så er det den bedste bryllupstale, du nogensinde har hørt, for det er *din* bryllupstale. Pyt med at det regner, det er blot et frugtbarhedssymbol. Hvis det kikser med det store forkromede nygifte synkronorgasmesamleje på bryllupsnatten, så glæd dig over, at I har resten af livet sammen til at indhente. Man skal ikke sende alle ballonerne op på en gang. Tillykke du.

HVILEDAG. Hvil dig. På et tæppe ude i haven. På en luftmadras ude i havet. I en hængekøje. På sofaen. Tag en morfar. Ved du i øvrigt, hvorfor det hedder en morfar? Det er en forvanskning, ligesom hokus pokus er en forvanskning af *hoc est corpus meum* (dette er mit legeme). Morfeus er drømmenes gud. Så lad dig falde i armene på Morfeus. Nap en morfar. Den er dig vel undt.

AFREJSEDAG. Husk pik, pas og penge, som min ekssvigerfar altid sagde. Nu hedder det pas, kort og mobil. Pik kan man få alle steder.

ANKOMSTDAG. Det ser aldrig ud som på billederne. Men det skal nok blive en god ferie alligevel.

KLARHEDSDAG. Du har fået øjne at se
med. Prøv at se klart. Prøv at se, hvad der sker omkring
dig, uden at bringe dig selv ind i det, du ser. Se uden
at dømme ud fra egne erfaringer. Ja, hun faldt på røven
hende den blonde englænder i de høje sko, som skov-
lede alt for meget mad op på tallerkenen fra buffeten
og levnede over halvdelen. Men hold din holdning til
grådige kvinder med dårligt sprog og forfodsplateau og
12 centimeter høje hæle ude af ligningen. Se på andre
mennesker, vejret, arkitekturen, alt hvad du oplever,
uden at dømme. Se klart. Opdag, hvor megen empati
du i virkeligheden indeholder, når du ser med klarhed.

VENTEDAG. Der er ikke andet at gøre end at trække vejret og vente. Du får først svar på de blodprøver efter weekenden. Eller: Han skal hjem og tænke over, om han vil gå fra sin kone og leve sammen med dig, men ved først noget efter sommerferien. Eller: Bestyrelsen mødes onsdag og beslutter, om du skal være den nye direktør. Eller: Juryen voterer, om du skal frikendes. Tiden går ikke hurtigere af, at du kradser i såret. Afled din opmærksomhed. Tag i Bakkens Hvile. Gå i swingerklub. Læg puslespil. Sejl til Kullen. Men først og fremmest, træk vejret og vent.

STENALDERDAG 2. Prøv at oversætte din opførsel, din gøren og laden til et stenalderliv. Du er en ung kvinde på cykel med blomster på cykelkurven i morgentrafikken iført høretelefoner med noget Agnes Obel og en idé om, at lastbilerne skal ud af byen, og derfor ignorerer du dem. Nu skal du høre min ven: Lastbilen er lig med et rovdyr. Når der er rovdyr på spil, skal man udvise særlig agtpågivenhed. I stenalderen svarer det til at være hende med det filtrede hår og den korte egernskindskjole, som stod og plukkede blomster i en skovtykning, fordi du bare var hende stenaldertypen, der elskede blomster. *Typisk mig,* gryntede du, når du så en bjørneklo, en vajd eller en mælkebøtte, *jeg er bare den stenaldertype, der elsker blomster, elsker bare blomster, sådan er jeg bare.* Når man plukker blomster med røven i vejret uden andet end noget mos mellem ballerne til at opsamle månedsblodet eller noget spindelvæv, som du har fundet og svøbt din popo i (og dermed rent faktisk opfandt forløberen til netstrømpen), så lover jeg dig, at der står nogle skiderikker fra en anden stamme bag et buskads og venter på at

a) æde dig

eller

b) have samleje med dig mod din vilje.

Vores hjerner befinder sig desværre stadig i stenalderen. Civilisationen er en tynd fernis. Hvis du er i tvivl om, hvorvidt det er en god idé at tage en fiskenetskjole på (og et løg og en hund), når du skal på research i en rockerborg, fordi du skriver speciale om 'maskuline dynamikker i kriminelle miljøer', så tager du stenaldertabellen frem. Oversæt. Hvis det ikke var en god idé dengang, er det ikke en god idé nu. *Jamen,* råber du, *jeg har ret til at færdes, hvor jeg vil, iklædt hvad jeg vil.* Helt enig. Den ideale fordring er, at vi alle kan klæde os, som vi vil, og være trygge overalt. Men det er det desværre ikke alle, der ved. For de har ikke læst den bog. Eller nogen anden bog for den sags skyld. Eller måske synes de, at kvinder i lårkort er nogle ludere, som selv har bedt om det. De har selvklart ikke ret, men hvad vil du gøre, hvis de er stærkere end dig? Der går stenaldermennesker rundt iblandt os. Vi har også selv en rem af huden. Mennesket har desværre ikke ændret sig så meget. Det erfarer man i skilsmissesager, hvor ellers fornuftige mennesker pludselig beskylder deres eks for at misbruge børnene og forhindrer samvær. Vi må holde vore indre hulemennesker i ave. Og indtil de er udfasede, må vi alle sammen være agtpågivende i stenaldersituationer og prøve at lave damage control. Det går heldigvis fremad. Dog meget langsomt.

FERIEDAG. Aaaaaaaaaah! Sol. Venner. Hør. Ærter. Sandaler og rosé-bro, som er den bro, der forbinder frokostens hvidvin med sundowneren og den kølige Fleurie til aftensmaden. Så har man kun tømmermænd en gang om dagen.

MAGISK DAG. I dag opdager du magien, som omgiver dig: Planetens sommerfugle, som med Inger Christensens ord stiger op som farvestøv fra jordens varme krop. Fibonaccitallene i solsikker og sneglehuse. Bach. Et pludseligt træk af vildgæs over dit hus. Den mørkeblå ring om din elskedes iris.

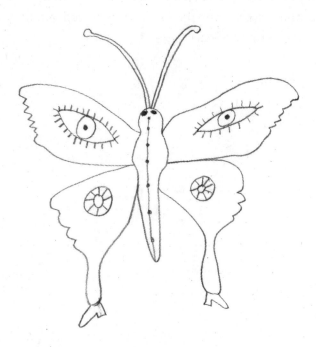

KRAMMEDAG. Er der nogen, der trænger til et kram? Måske uden selv at vide det. Trænger til at glide ind i varme arme og mødes hjerte mod hjerte (eller næsten). Chefen, der står med sin nervøse powerpoint og taler om corporate og den nye strategi, som han heller ikke selv tror på. Din tics-udfordrede bankrådgiver med hvide skulderdrys på den marineblå blazer. Din kiropraktor, som skal hjælpe alle andre med deres nedbrudte rygge. Åbn din favn. Kram nogen. Kram dig selv. Alle kram tæller.

VELMAGTSDAG. Du er på toppen. Det kører. Folk er ellevilde med dig. Du har masser af indflydelse, pænt tøj, lækkert hår og det går godt med din økonomi. Der er intet, der kan slå dig ud i dag, dit selvværd er enormt. Lakmustesten: Klæd dig nøgen. Kig ned ad dig selv. Kan du se dit eget kønsorgan? Ja? Flot, så behøver du ikke foretage dig yderligere. Nej? Også flot, så kan du nyde synet af din egen smukke topmave. Alt er godt.

DANSEDAG. I dag skal der danses. Nu ved jeg jo ikke, hvor gammel du er, men sørg for at få danset igennem, inden du bliver fyrre. Forklaring følger. Uanset hvad du fortager dig i dag, foregår det gennem dans. Er du hjemme på barsel, så danser du, mens du ammer dit barn. Naturligvis ikke aggressiv headbanger-dans, men en blid beroligende dans til en lille bossa-rytme. Barnet vil nyde det. Du danser, mens du køber ind. Dans i køen, måske smitter det. Dans, mens du dækker bord, dans med dine børn og din partner, eller dans alene, mens du børster tænder. Dans dig selv i søvn.

FYRREÅRS FØDSELSDAG. Så er det

i dag. Du har skiftevis sukket og grædt og råbt *fyrre er det nye tyve.* Ingen af delene er rigtigt. Der er ingen grund til at græde. At blive fyrre er en mageløs sejr. Hvem skulle have troet, du nåede så langt, når man så dig som tyveårig på speed med sort læbestift og en voldelig kæreste, som du troede, du kunne redde? Flot min pige! Men fyrre er heldigvis heller ikke det nye tyve. Fyrre er det nye fyrre, og det er bedst sådan. Du er et mere helt menneske, du er ikke så hormonstyret længere, børnene er blevet større, du ved, hvor dit g-punkt sidder (det er bare bagsiden af klitoris, som jo har sin egen undersøiske verden og meget lange ben). Fyrre, feisty og femme fatale! Men, for der er altid et men. Efter fyrre sker der en afgørende forandring vedrørende dans, og der er ingen vej tilbage. Ikke at man ikke skal danse efter fyrre, det skal man i den grad. Men man kan ikke længere. Det sker på slaget fyrre. Armene bevæger sig opad, armhulerne blottes og afslører to hamstere, som man har glemt at fjerne, fordi man er fra en generation, hvor hår under armene var op til den enkelte. Når man løfter armene op over hovedet, får man æggedeler i sin buksedragt, som man

også er begyndt at gå med i stedet for nederdel, buk-
ser eller andre beklædningsdele, der kræver, at man
definerer sin talje. Man laver jazz-mund og begynder
at sige lyde som *dububidu*, når man danser. Børn og
unge bliver utrygge, når man sejler ud på dansegulvet.
Man bliver uforsigtig og danser hoppedans, når dj-en
er så letsindig at sætte Gnags på, og tisser lidt i under-
bukserne på grund af slap bækkenbund. Og ens børn
ser skræmte ud og hiver en i ærmet og siger *mor du
har tisset i bukserne og lidt på gulvet. Ja!* skal du svare
med fast stemme, *det er muligt, jeg har tisset en anelse,
men det er fordi, jeg har født dig, så stå ikke der og spil
prinsesse, hent en hårdtopvredet klud, og tør det tis op.
Blev der sagt!*

ONDT I RYGGEN-DAG. Satans. Du kan
ikke komme ud af sengen, og din mobil ligger i stuen.
Prøv at trække vejret, selvom selvmedlidenheden står
og lokker med sin sølvertunge, så vis den vintervejen.
Det er din ryg. Det er ikke samfundets skyld. Bliv ovre
i dig selv. Hvad er der sket den sidste tid? Er der noget,
der er tungt at bære på? Har du overtrænet (tænkt ek-
sempel)? Er du bekymret over økonomi? Få så meget
bevidsthed på som muligt. Hvad er det værste, der kan
ske? Hvis du er alene hjemme, må du måske blive lig-
gende, indtil din partner kommer hjem, men hvis du
opgiver din protest og accepterer, at du har fået et hek-
seskud, så skal du nok komme ud af den seng. Kravl
ind i stuen på alle fire, ingen hurtige bevægelser. Ring
efter hjælp, få eventuelt apoteket til at sende noget
smertestillende med et bud. Så kan du ligge resten af
dagen i sofaen med en lille Dolol-skid på og se *Prinses-
ser fra blokken*. Det er ikke ubetinget nogen dårlig dag.

NÆRVÆRSDAG. Se folk i øjnene og lyt til, hvad de siger, uden at sidde og planlægge, hvad du skal svare, når du får ordet. Bliv i nuet. Når tankerne ryger på langfart, så hent dem tilbage til nu. Lige nu. Du skal ikke tænke forud eller bagud. Du er nu. Lige her og nu sammen med de mennesker, du er i rum med, i det tøj du har på. Vejret er, som det er. Du skal ikke dokumentere på sociale medier, hvor nærværende du er, det siger sig selv. Der er intet nærvær i sociale medier. Sociale medier er det modsatte af nærvær. Om ti år findes de ikke, for de æder sig selv op. Men den tager vi en anden gang. Du er heldigvis i verden lige nu, og det er det helt rigtige tidspunkt, fordi det er det tidspunkt, der er. Du behøver ikke længes mod fremtiden, den kommer af sig selv. Og du skal slet ikke længes efter fortiden, for så kommer du til at længes resten af dit liv. Livet er nu, præcis som det skal være. Nu.

VILJEDAG. Viljestyrke er en rigtig god ting, hvis du for eksempel skal op og smøre madpakker, når vækkeuret ringer. Eller hvis du mangler to semestre på dit medicinstudie og overvejer at baile. Eller hvis du er alene på Roskilde Festival og gerne vil være din kæreste tro. Men pas på med at koble vilje på alting. Alt er ikke et spørgsmål om vilje. Vægttab handler for eksempel i højere grad om selvaccept og selvkærlighed end om benhård vilje. Mange ting handler om held og tillid til, at det nok skal gå. Vores vilje kan spænde ben for, at alt det gode og rigtige sker. Fordi vi insisterer på at kontrollere livet med vores vilje. Det kan man selvfølgelig godt, men så bliver det så uendeligt kedeligt. Så sker der kun det, du beslutter med din vilje. Det, du kan tænke dig frem til med dit begrænsede udsyn. Men tænk på alt det, du ikke ved. Og alt det, du ikke engang ved, at du ikke ved. Der skal være plads til dyret, det uforudsete og det uforklarlige, og alt det, du ikke vidste, du ønskede dig. Det, vi manifesterer med vores viljestyrke, er næsten aldrig det, der gør os lykkelige.

NEJ-DAG. Du vågner med et inderligt NEJ på læben. O.k., du bestemmer, det er dit liv. Fyr den af. Tænd for nyhederne og udstød et højt *pstss!* efterfulgt af et *NEJ!* Det har de helt misforstået de underfrankerede journalister inde i fjernsynet. Du er lodret uenig i de forvrøvlede betragtninger, som bliver bragt til torvs. At nedsætte en undersøgelseskommission er det rene spild af tid. Det har du altid ment. Folk skulle have skolepengene tilbage. På vej til arbejde ser du glade shortsklædte mennesker, som smiler til hinanden, peger på den skyfri himmel og glæder sig over den smukke sommerdag. Er det ikke dejligt vejr? Nej! Hvor inderligt banalt. Vejret er ved gud ikke noget, du kan beskæftige dig med. Hvem besluttede, at solskin skulle have forrang for slagregn? Du var ikke inviteret med til det møde, så havde du stemt imod. Hvad har en grå, blæsende dag med forrevne skyer hen over en mørk himmel gjort? På arbejdet er alle de højhælede damer i underordnede stillinger og kedsommelige liv lidenskabeligt optaget af fødslen af en ny prins i det engelske kongehus, er han ikke yndig? Nej, han ligner til forveksling alle andre nyfødte og ser tilmed ud, som om han har vand i hovedet. Som om der ikke bliver født børn hver dag. Du skal bare vide, at alle synes, du er røvbelastende, undtagen hende den stille mørkhårede med det tunge underansigt i regnskabsafdelingen, som er hemmeligt forelsket i dig. Ikke fordi du er sød, men fordi du minder om hendes far, som altid sørgede for, at stemningen i familien var på nulpunktet. Når hun endelig tager sig sammen og spørger, om du kommer til sommerfesten, råber du: *NEJ!*

JA-DAG. I dag siger du ja og går ind i dit ja. Vil du med på ARoS? *Ja*, svarer du og henter din jakke. Skal vi åbne en kiosk? *Ih, ja da, helt bestemt,* siger du og går ind i dit ja. Du skaffer papirerne fra ejendomsmægleren og ringer til kommunen, som siger nej på grund af noget med et handicaptoilet og en fredning, for det lærer de på kurser. Men så finder du bare på noget andet. *Så laver vi en garnbutik i stedet,* råber du. Ja kræver handling i modsætning til nej. Enhver kan sige nej og smække med munden. Så er den potte ude, men et ja kræver handling. Rejs dig og gå ind i dit eget ja, så kommer gode ting til at ske.

PROFITDAG. Måske er du notorisk imod mer-
værdi og synes, det er en satans kapitalistisk opfindel-
se. Så springer du bare denne dag over. Men kære ven,
hvis du ejer en butik eller café, nytter det ikke, at du
sætter priserne for lavt eller skammer dig over, at der
er overskud, eller profit, som det hedder. Øv dig i at
sige ordet profit med en blid stemme, således at du får
slidt de skarpe kanter af, som ordet måske har i dine
ører, fordi du er opvokset i en yderligtgående familie.
Det er vi mange, der har døjet med. En frivillig udveks-
ling af varer/ydelser/penge mellem to parter er noget
godt. Det er handel, og det har bragt meget velstand
med sig i alle samfund. Og skabt fred ikke mindst.

OFFERDAG. Det er ikke din skyld i dag, du er offer for omstændighederne, folks ubetænksomhed, dumhed eller grusomhed. Det er de andres skyld eller vejret eller dine forældres. Du har aldrig haft en chance. Du er født ind i den forkerte familie, ellers var du blevet til noget. Dine talenter var blevet spottet, og du ville ikke have døjet med diskusprolaps og dårligt selvværd. Hvis du havde fået en bedre plads i køen, da der blev delt held og optimisme ud, havde du ikke slæbt dig gennem livet på dine blodige, grædende knæ. Hvis du havde mødt en ordentlig kæreste fra begyndelsen og ikke var vokset op i en slægt, hvor alle kvinderne hedder Dørmåtte til mellemnavn, kunne du allerede tidligt i din ungdom have haft et blomstrende sex- og kærlighedsliv. Men sådan skulle det ikke være.

Du mødte en mand, som ikke var din type, og du var ved gud heller ikke hans. Men du troede ikke, du kunne få noget bedre, og han havde det på samme måde, så noget var I dog enige om. Du lå med veer 34 timer med dit første barn og 28 med dit næste. Der var jordemoderskift, og du sprak, og dit stakkels mellemkød ligner et stort råb om hjælp, så selvfølgelig skred din usportslige mand over åen efter vand. Så her sidder du

269

nu med lange bryster og udvokset bund både foroven og forneden. Og du har ingen venner. Ingen gider høre på din klage. Du råber i skoven, men der kommer intet svar. Dine kolleger skynder sig væk, når du dukker op ved kaffemaskinen med dagens brok på læben. Og du bliver tykkere og tykkere, ikke på den erotisk-buttede måde. Og din datter ser på dig med *sådan vil jeg aldrig ende*-øjne. Du hader dig selv og græder ned i puden, og nu må du ud i køkkenet og drikke af madsherryen og spise nogle gamle påskeæg, som du har gemt inde bagerst i skabet. Chokoladen er blevet hvid og smuldrer mellem dine tænder, og det isner i en kindtand, som du godt ved skal rodbehandles, men du har ikke prioriteret tandlægebesøg, for sidst du var der, sagde tandlægen med det kridhvide smil, at du skulle have en bideskinne, fordi du skærer tænder i søvne. Og i vågen tilstand. Og den koster over tre tusind kroner. Og, og, og … Vi stopper her. Ingen gider læse videre.

GRÆNSEDAG. I dag sætter du grænser. Måske er du glimrende til det i forvejen, så fortsætter du blot det gode arbejde. Men måske er du en slattenrøv, en konfliktsky bangebuks, som tror, at verden går under, hvis du sætter foden ned og stopper de indlysende urimeligheder og det dørmåtte-regime, du lever under. Man må krybe, før man kan gå, så du begynder med at sige nej tak til fadet med spandauere, som bliver sendt rundt til morgenmødet, fordi det for tredje gang i år er Kirsten fra afdelingens fødselsdag. Du har netop tabt to kilo og vil helst prøve at holde den slanke linje, selvom det holder hårdt, når man er på en kvindearbejdsplads med gruppepres og jantelov og *det feder først i morgen og der er vi ikke hjemme*-humor. Alle stirrer vredt eller skuffet på dig, og du er lige ved at bukke under for presset, men du faker i sidste øjeblik et hosteanfald og løber ud på toilettet. Flot! Så er det bare de næste seks timer, du skal holde stand over for posen med Werther's echte, der er i omløb, og Britts bradepandekage og Lisas *må vi nu lige ha' lov og være her*-flødeboller klokken 15, hvor alle, uvist af hvilken grund, er gået sukkerkolde.

I Netto siger du venligt, men bestemt nej til hende den hennafarvede, som *kun har en mango*, da hun spørger, om hun også må komme foran dig i køen, ligesom den ældre mand med cervelatpølsen og kvinden med guldtænderne. Du spørger ikke ungerne, om de er sultne, men råber *så er der mad*. Du går ikke ind på deres værelser og henter deres snavsetøj, du orienterer dem om, at du vasker kulørt i aften, så hvis nogen vil have rent tøj, skal det lægges i snavsetøjskurven. Og du betragter en anelse forundret dine poder, der kommer trissende med underbukser og gymnastiktøj. Det virker! Ja, selvfølgelig virker det min ven. Alle elsker grænser. Børn, voksne og hunde. Tydelige grænser mindsker friktionen mellem mennesker, og gør det hele meget nemmere. Nu ligger du i din seng og er pavestolt, og det kan du roligt være. I morgen er der flere grænser, der skal drages, og du glæder dig allerede.

HVIDVINSDAG. Skål. Hvidvin, kvinder og sang er en fremragende kombinazi. Inviter en eller to loyale veninder over til – ikke middag, noget uformelt, *vi sidder bare i køkkenet og snacker lidt.* Køb god hvidvin, hellere en, nej, to gode flasker end mange dårlige. En østrigsk Riesling eller en Chardonnay fra Oregon. Bourgogne er altid en fornøjelse, men det er bare blevet så bekosteligt på grund af de rige kinesere og russiske oligarker, dumme globalisering, den har været en katastrofe for vinelskere. Nå, Marie Antoinette, gå op på dit værelse, vi ved godt, at globaliseringen også har skabt fred og fremgang og afhjulpet fattigdom. Så fik vi det på plads. Vi kører store glas, så I kan slynge vinen rundt og ilte den og frigive alle duftnoterne. Spis lidt salat til, eller noget brød, så I ikke bliver plimmelim efter det første glas. Tal om følelser. Græd lidt. Vid, at I kan stole på hinanden, og at alt, hvad der bliver sagt i køkkenet, bliver i køkkenet. Resten er tavshed, undtagen det, der bliver brølet ned i toiletkummen, mens Louise holder dit hår væk fra ansigtet, fordi du kom til at overdosere. Men det er heldigvis skrevet i vand.

FRAVÆRSDAG. Du er fraværende. Det er o.k., så længe det blot er i dag.

EVIGHEDSDAG. I dag kan du mærke, at tiden ikke findes. At du er en sjæl i evigheden. Der sker ting, som er sket før, enten for dig eller for nogle andre, og det betyder ikke noget, hvem det er sket for, for vi er alle sammen en del af den samme organisme, det samme kredsløb. Og din mand åbner en flaske hvidvin og lægger fire glas i en flettet kurv, og du smiler til ham, og I går op på højen og sidder på den hvide bænk sammen med dine svigerforældre. Og hunden lægger sig i skyggen. Og der er lige blevet høstet, og fjorden glimter i solen, og dit hjerte er tungt af lykke. Og din svigermor siger, *hvor er her herligt, tænk engang, at vi er så heldige.* Og du siger, *ja, det er en mageløs udsigt, hvad har vi gjort, at vi sku' ha' det så godt.* Og din svigerfar siger, *det war ret en wældig vin.* Og din mand siger, *ja, den er fra Oregon.* Og din svigermor siger, *den smager så godt, at jeg næsten ikke nænner at drikke den.* Og din mand siger, *det kan du roligt gøre, de har så mange, at de sælger af dem.* Og du siger, *ja, vi trækker bare en flaske mere op.* Og din svigermor siger, *det må I endelig ikke gøre.* Og så sidder I lidt. Og når duggen falder, går I ned igen.

AUGUST

DUM DAG. Du er i knibe. Delvist din egen skyld. Det er noget rod det hele. Du kan ikke se dig ud af det her. Nogen vil blive sure, og du forstår dem godt. Accepter. Let it go.

AFLYSNINGSDAG. Ring og aflys, hvis du skal til moppeknald med en masse tynde piger og deres små taskehunde med besværet vejrtrækning og øjne som møllehjul af bar indavl. Du har tøjkrise, og alt dit tøj ligger på sengen, og du sveder og er fuld af selvhad, og dit BMI er på størrelse med din skostørrelse. Sig, at du ikke kan alligevel, eller at du har fortrudt. Hvis det er noget med en masse børn, der skriger og larmer, så sig du har fået smitsom tyfus. Eller sandheden, at du er for udmattet. Det må man godt, når man er venner. Skal du til en kær venindes bryllup med en skiderik af en led satan af en meget ældre fyr med tre tidligere kuld børn med skønne tre kvinder, hvis liv han ødelagde, og som alle er blomstret op, efter at Ridder-fucking-Blåskæg er ude af billedet, så sig, du ikke kan komme, fordi du ikke kan. Men at hun kan ringe, når hun skal skilles, så er du der som en mis. Nej, det kan du ikke. Jo, du kan. Bestem selv. Hvis det er dit eget bryllup, så er det straks værre. Men selvfølgelig kan du aflyse. Der er forskellige modeller: 1) Send eventuelt en virkelig pæn veninde som stedfortræder, så al ulejligheden og festen ikke går til spilde, og så er det heller ikke så flovt for gommen, og måske kan de finde ud af

279

noget. 2) Send en sms med besked om, at der kommer en uddybende forklaring pr. brev. Det skylder du. Og husk at sende forlovelsesringen med tilbage.

BULIMIDAG.

SANG OM DEN EVIGE SULT
Jeg spiser op, jeg propper mig,
men maven føles tom.
Der er et hul, som aldrig bliver fyldt op,
der er et hulrum inde i min krop.

Mit indre er en lærkerede fyldt med sultne næb,
der jamrer højt og skriger sulten ud.
Hvem stiller denne sult? Kan du mon Gud?

Jeg er et fugleægtepar som flyver tæt omkring
og skaffer orm, nej sludder, slik og mad,
jeg føler mig så tom og flov og flad.

Det er en evig kamp mod sulten, jeg har aldrig fri,
for ungerne de skriger indeni.
Bli'r vækket af et hungerfugle-skrig.

Måske er det en anden sult, en indre hungersnød,
en gnaven, barnlig bøn om kærlighed?
Det føles sandt, og tanken gør mig vred.

281

Tænk, hvis man havde været en af dem,
der vaded' rundt
som barn i ubetinget kærlighed,
så var jeg ikke blevet potteled.

Så havde jeg blot nippet til hver ret, der blev sat frem
og aldrig slikket min tallerken ren.
Jeg havde været høj og tynd og pæn.

Men jeg er vred og sulten over det, jeg aldrig fik.
Jeg propper mig og spiser hele verden
og håber på, det overdøver smerten.

JAMEN-DAG. Du starter dagen med at sige, at
du har sovet dårligt, fordi du har svedt, og din partner
siger, *så åbn et vindue, inden du går i seng, det er sundt
at sove med åbent vindue,* hvortil du svarer, *jamen så
bliver der for koldt i soveværelset, og så får jeg ondt i
min gigt/hals/røvkatar,* hvad du nu kommer på. Nu er
du allerede godt fra start. Du beklager dig over, at det
er mandag, og du skal til kedelige møder med kedelige
mennesker, din mand siger, *ja, men til gengæld skal vi
på Mash i aften med Jaz og Niller,* og du svarer, *jamen
jeg er på kur, jeg har taget to kilo på i weekenden, så jeg
skal kun ha' en salat.* Du er hos lægen med en knop,
der viser sig at være forsvundet, siden du bestilte tid til
konsultation, og lægen betragter sagen som afsluttet,
hvortil du svarer, *jamen hvad hvis den kommer igen,*
og da lægen sukker og ser træt ud, råber du, *jamen
jeg har også døjet med noget klor-eksem, når jeg har
været i svømmehallen.* Lægen siger, *så lad være med at
bade i klorvand,* og du råber, *jamen jeg er nødt til at ...,*
mens du blidt bliver skubbet ud af konsultationslokalet
og står i venteværelset, som er fyldt med folk, der lig-
ner noget fra første verdenskrig med krykker i armhu-
len og blodige bind om hovedet og hosten som efter et

giftgasangreb. Det får dig ikke til at komme til fornuft, og du går prompte hen til lægesekretæren og bestiller en ny tid om en uge for en sikkerheds skyld. Kære du, folk som dig har fanden skabt, og du er en trussel mod velfærdssamfundet, som i forvejen hænger i en tynd tråd, fordi alle tager mere, end de skal bruge, ligesom folk, der er på all inclusive og lænser buffeten og levner det halve. Se at få skeen over i den anden hånd. *Jamen, svarer du ...*

JAMEN, JAMEN, IKKE NOGET
JAMEN-DAG. I dag er der ikke noget jamen.
Hvis du beklager dig, og folk kommer med forslag til
forbedring af situationen, så kvæler du dit jamen i et
host. Nej, du lader helt være med at bruge ordet. Ikke
noget jamen. Bare sig tak og smil og løb ned og køb
teboller i Lagkagebageren til hele firmaet. Ikke noget
jamen, bare af sted.

FIRSERDAG. Sæt skulderpuderne fast på bh-stropperne med sikkerhedsnåle, det er nemmere, du har alligevel skulderpuder på selv i tanktop. Hent to fryseposer i køkkenskuffen, brug dem i stedet for sokker, det er den eneste måde, du kan få dine cowboystøvler på. Tag en kort ferskenfarvet flæsenederdel på, som du har købt på Ibiza. Brug den nye røde øjenskygge fra YSL, som kostede en uges madbudget. Bind et pink chiffontørklæde i håret. Se dig tilfreds i spejlet. Du ligner en, der har influenza med de øjne, men det opdager du først om 25 år. Blink til dig selv, og tag direkte ind på natdisc Montmartre. Måske er det i aften, du scorer Lars. Not.

SLADDERDAG. I dag løber du med en halv vind. Du indleder adskillige sætninger med: *Ja, ikke mine ord igen,* eller: *Det er ikke fordi jeg løber med sladder ...,* eller: *Du siger det ikke til nogen, for jeg har lovet at holde kaje.* Du lister, ved hjælp af pizzaslices fra Lagkagebageren, #metoo-hemmeligheder ud af den sagesløse, adipøse sekretær og bruger dem mod chefen i det firma, hvor du netop er ansat som researcher, til at blive forfremmet. Du lytter til det uhyggelige sladderprogram i radioen og sms'er anonymt ind, da det går op for dig, at de grundlæggende har fået en bestemt prekær misere helt galt i halsen. Du *var* til den fest, og du ved udmærket, hvad der skete, da ambassadøren faldt i søvn ude på toilettet. Det var dig, han faldt i søvn ovenpå ...

SLETTEDAG. Der er forskellige scenarier her. Hvis du for eksempel bor på Island, i Grønland eller i Afrika kan du nemt tage ud på en smuk slette og gå en rask spadseretur. Du kan også bare slette noget, du har skrevet, som ikke fungerer, eller som vil gøre nogen fortørnede, og så brillant formuleret er det heller ikke, at det vil være et tab for nationen (altså ikke NATIONEN, den er allerede fortabt), hvis det aldrig bliver trykt. Eller du kan slette gamle mails fra Coop og Altinget. Eller tvangsprægede tanker om hævn. Dem kan du roligt slette.

DEJLIG DAG. I dag er en dejlig dag. Der er ikke noget, der kan gå galt, eller jo det er der, men det gør ikke noget. For du er sammen med dine elskede mennesker i dejligt vejr. Man behøver ikke sige noget klogt, for de kender en og kan lide en under alle omstændigheder. De må godt have en lidt mærkelig frisure, og måske får man ikke det, man bestilte på restauranten, fordi der skete en fejl i køkkenet, men det gør ingenting, for stemningen er god, og det er en smaddersød tjener. Det behøver ikke blive noget nattesæde. Vi sidder bare lidt her, og så siger vi tak for i aften og lægger rigeligt med drikkepenge og tager afsked på gaden med håndtryk eller kindkys, eller hvad vi nu er på, og så går vi hjem i seng og falder i søvn efter en dejlig dag.

KARENSDAG. Kontakt din fagforening.

VEGANSK DAG. Spis nogle spirer, du har stående i vindueskarmen. Eller noget græs. Skriv et indigneret indlæg på Facebook om noget, andre har gjort eller ikke gjort, som har med kød at gøre. Varm dig ved, at du er et rent menneske, som ikke tiltrækker død. Gå ud i din have, eller nogen andres have. Spis noget nedfaldsfrugt. Du må ikke plukke frugten, det er et overgreb svarende til en fremprovokeret for tidlig fødsel. En pære ved selv, når den er klar, den har en sjæl. Stir vredt på mennesker, som går med lædersko. Spis noget korn, men endelig ikke med mælk på. At malke en ko er et overgreb. Mælken er kalvens mad, og hvad skal kalven så leve af? Smør dine tørre læber og dine ødemer i ansigtet med sheasmør. Tjek din ånde, lugter du stadig af svovl og ketonstoffer ud af munden? Var det mon derfor, Fidel ikke ville være kærester længere? Du slår tanken ud af hovedet. Spiser dine kosttilskud. Går i seng. For guds skyld ikke en Hästens, der er hestehår i madrassen, og det er pissestrengt. (Aj, undskyld. Jeg synes, det er superflot, at du har taget stilling. Og at du kan afstå fra bacon. Du har en kæmpe selvdisciplin. Respekt!).

HUNDEDAG. Hvis du har en hund med fire po-
ter, en på hver sit ben, som der står i sangen, så er du et
lykkeligere menneske end dem, der ingen har. En hunds
blik udløser oxytocin i dens ejers hjerne. En hund udlø-
ser mildhed hos sin ejer og alle, som møder den og får
lov til at klappe den og stryge den over dens bløde ører.

Jeg har selv en hund, som hedder Darwin, en labra-
dortæve. Hun er en meget venlig hund og holder af
alle mennesker. Hun kan gø og knurre med en dyb far-
lig knurren, hvis der kommer ubudne gæster i en hvid
kassevogn på udsigt efter andre menneskers ejendele,
men er det folk, hun kender, så lægger hun sig på ryg-
gen for at blive kløet på det bedste sted, som er nederst
på maven ned mod tissekonen, hvor de fleste jo holder
af at blive kløet, både mennesker og dyr.

Jeg må erkende, at jeg har fejlet i opdragelsen, for jeg
har mistanke om, at Darwin tror, hun er et menneske.
Hun tror, at vi, hendes mennesker, er sat på jorden for
at underholde hende. Når vi har været ude og gå en
tissetur om morgenen og fodret kattene og hønsene, og
jeg sætter mig godt til rette med aviserne og en dejlig
kop te, så sidder Darwin og kigger afventende på mig
med *hvad skal vi lave?*-øjne. Og jeg siger, *nu skal jeg*

*lige sidde lidt her, Darwin, og orientere mig om, hvad
der sker i ind- og udland. Og så kan vi bagefter gå ned
til fjorden og kaste pind.* Men så let går det ikke, og
Darwin lægger sin pote på mit knæ, og jeg siger *ud i
kurven*, og hun lægger sig under spisebordet og sukker
højt, og så falder hun i søvn. Jeg ser mit snit til at læse
avis, men nu snorker hun så højt, at jeg ikke kan få
ørenlyd. Jeg lister op og laver et karbad og nænner ikke
at lukke døren helt, og mens jeg ligger med avis eller
lytter til podcast, kommer Darwin og slikker på min
arm som hænger ud over kanten på badekarret. Hun
kigger på mig med Bettina fra parallelklassen-øjne:
Skal vi lege, skal vi lege, skal vi lege? I modsætning til
Bettina fra parallelklassen så vækker Darwin empati
i mit hjerte, og jeg skynder mig ud af badet og tager
tøj på, og vi går ned til fjorden og leger pind. Og løber
om kap. Darwin løber efter en fasan og dropper det
undervejs, for hun ved godt, at hvis hun løb den op,
ville hun alligevel bare blive venner med den. Når vi
kommer hjem, skal jeg have en kop kaffe og sidde lidt
med computeren, og Darwin ser på mig med skuffede
Bettina-øjne, og jeg forbarmer mig og giver hende en
klø-tur med indbygget sang:

1. HUNDESANG
Melodi: Kan du gætte hvem jeg er
For Darwin er en hund.
For Darwin er en hun.
For Darwin er en hundehun.

Hund hun hundehun.
For Darwin er en hund.

2. HUNDESANG
Melodi: Lotte gik, Lotte gik
Darwin gik, Darwin gik
op og ned ad Strøget
Darwin fik, Darwin fik
en hundeklat i øjet

3. HUNDESANG
Melodi: I'm goin' to leave ol' Texas now
Darwin er en hund.
For hun er en hund.
Og hun er så smuk.
For hun er en hund.

Hun har fire ben.
Og en pels så blød.
Og hun er en hund.
Og hun er så sød.

Hundesange løber vi aldrig tør for. De strømmer ud af munden, når man har en hund. En hund frigør kærligheden, så den sidder løst. Og når man alligevel har den fremme, kan man lige så godt ødsle med den.

KATTEDAG. Giv katten mad. Luk den ud. Den
er sin egen. Du kan ikke lære den at give pote. Den
skider i din taske. Lige pludselig river den dig til blods,
selvom I var gode venner. Hvis du skal have en god
relation til en kat, må du opgive alle krav, tage hvad du
kan få og sige *Namaste*. Den vil sandsynligvis vende
røvhullet mod dig.

SKOLEDAG. Gå i skole. Eller send dine børn i skole med sund morgenmad i maven og de rigtige bøger. Det er en gave at kunne komme i skole. At undervisning er gratis. Ikke at noget er gratis. Vi betaler alle sammen over skatten. Eller ikke alle sammen, men det bliver for langt, hvis vi skal ind ad den dør. Hul i det, for det er heldigvis en ret og gratis for alle børn at gå i skole. Hvorfor er det så ikke en glæde? Hvorfor husker jeg min skoletid som rædsom? En sur pligt. Min datter var heller ikke udelt begejstret. Hvorfor er det ikke kæmpe højstatus at være lærer? Kan man forstille sig noget finere end at tage børnene ved hånden og føre dem ind i lærdommens haller? Nej vel? Hvad skal vi gøre for at få vendt den skude? Vi forældre kan bakke op om skolen. Aldrig bagtale lærere eller noget, der hører skolen til. Lærerne kan ranke ryggen og give slip på deres vrede over at være blevet kostet rundt med. Hive stoltheden frem og tilbageerobre skolen og tage kaldet tilbage. Slut med at være lønmodtagersjæle. Dygtige stolte lærere, som ved hvilket ansvar, der ligger på deres skuldre. Vi hylder jer! Bare I lover ikke at indoktrinere vores børn politisk, det er ikke en del af jobbeskrivelsen. Det var det, da jeg gik i skole. Men det var heldigvis en anden tid. Smil.

IT-DAG. Spørg en voksen. Jeg kan desværre ikke hjælpe dig. Jeg plejer at ringe til min ven Ole Madsen, som er IT-wizard. I mine tanker hedder det stadig EDB.

FORBUDSDAG. Det er sikkert noget med Sverige. Vender tilbage, når jeg ved mere. Så er jeg tilbage. Det viser sig, at der ikke findes en forbudsdag, ikke engang i Sverige. Der er planer om det fra politisk hold, men der har været massive protester i befolkningen. I'll keep you posted.

FORHUDSDAG. Hvis du har en forhud, så nyd den, den er fyldt med nervespidser, og du kan sidde og nulre den som overspringshandling, medmindre der er gæster. Hvis du ikke har nogen, så har du ikke nogen, den må du tage med dine forældre. Dog vil jeg ikke anbefale, at du gør det til dit livs store traume, for du får den ikke tilbage af den grund. Dine forældre lod dig selvfølgelig ikke omskære for at skade dig. De elsker dig og mente, de gjorde det rigtige. Men du kan lade være med at få dine egne drengebørn omskåret.

BAGEDAG. Jeg kan ikke rigtig hjælpe dig her. Jeg ved ikke så meget om meltyper og gluten og birkes. Men det er der mange andre, der gør, og folk, der bager meget, vil næsten altid gerne tale længe om deres bageoplevelser. De er ikke nærige med gode råd og en aflægger af en surdej, som oprindeligt kommer fra Boston og er over 125 år gammel og *hva' siger du så?* spørger de med et begejstret, forventningsfuldt blik. *Ad!*, men jeg siger det ikke højt. Der er masser af amatørbagere, så undersøg markedet. Der er også kurser, man kan gå på, hvor man kan møde andre bageentusiaster, både mænd og kvinder. Mange af dem ser knaldgodt ud, som de står der med opsmøgede ærmer og lidt mel dekorativt anbragt på kindbenet og puster en løs hårlok væk, mens de ælter dej og slår brød op med deres senede, smidige, ferme hænder, som man kan invitere hjem og genindspille den der scene fra *Postbuddet ringer altid to gange*, hvor Jessica Lange fejer noget mel ned fra køkkenbordet, inden Jack Nicholson knalder hende midt i bagningen. Det er fandeme en god scene, men det var en digression.

Du skal bage i dag, og du må finde en opskrift i et blad, en bog eller på nettet. Jeg kan nemlig kun bage én slags brød, som hedder Verdensbrødet. Det er det brød, jeg har bagt på min datters fødselsdag alle årene. Det hedder sådan, fordi det i min datters øjne var verdens bedste brød. Sådan er det, når man er en mor, som bager så sjældent, at ens brød bliver hyllet i en bestemt magisk aura. Det kom sig af, at jeg om natten til hendes 5-års fødselsdag opdagede, at jeg ikke havde nogen penge at købe morgenbrød for. Så jeg måtte finde noget gær i køleskabet og noget mel og noget vand i vandhanen, og så lavede jeg en dej og bagte et helt mærkeligt fladt brød. Min datter, som var et meget fint menneske allerede som barn, syntes, at det var det bedste brød, hun nogensinde havde smagt. Og det var det ikke. Men siden har jeg bagt Verdensbrødet til alle hendes fødselsdage. Her er opskriften: *Tag en halv pakke gær, hæld lidt salt på, så det opløser sig og bliver flydende. Hæld en halv til en hel liter kogt, afkølet til lunkent, vand over. Rør i det, hæld et pænt skvæt olivenolie i og noget mel og rør med en træske, tilføj mel, indtil du synes, dejen er o.k. og elastisk, den må gerne være til den våde side. Stil den et eller andet sted med et rent viskestykke over, som ikke er vasket med Omo eller Ariel eller andet stærkt lugtende vaskemiddel. Lad dejen hæve natten over, indtil du skal op, fordi dit barn har fødselsdag og ligger og rævesover. Dejen fordeles i en stor rund høj pandekage på pladen, som er iført bagepapir, for du ved ikke, hvad der sidst har været på den bageplade. Bag ved 200 grader, indtil brødet er brunt og sprødt og knasende, og server med flag stukket i og koldt smør.*

MARKEDSDAG. Gå på marked, og køb en gammel kande. Eller endnu bedre, få selv en stand på et marked, og sælg alt det, du ikke bruger. Inklusiv den gamle kande, du købte, sidst du var på marked. Livet er cyklisk.

DØDSDAG. Måske er nogen, du elsker, død, og du er i dyb sorg. Mine varmeste tanker til dig.

DØDSDAG 2. I dag skal du tænke på døden og

forlige dig med, at den findes og er et livsvilkår. Faktisk det eneste vilkår, alle mennesker er fælles om. Hvad skal der ske med dine organer, hvis du skal herfra i utide eller i tide? Skal de ikke doneres til en ung tømrer og familiefar, der går i angst og venter på en nyre, eller en nyuddannet jurist, der snart skal have nye lunger på grund af cystisk fibrose? Jo, de skal. Hvad skal der spilles til din begravelse? Louis Armstrong, Edith Piaf, Amy Winehouse eller noget heavy metal? Hvem skal bære din kiste? Nej, det med kisten skal du ikke blande dig i. Men du skal lave et testamente, især hvis du lever i en variation over *dine, mine og vores børn*-familie. Skal du have et gravsted eller spredes ud over Dyrehaven eller Isefjorden? Tag stilling, så bliver det mindre tungt for dine pårørende. Husk, det er helt normalt at stemple ud på et tidspunkt. Vi bliver alle født og skal alle dø. Og det er så fint, så fint.

FØDSELSDAG. Måske er det i dag, du skal føde dit første barn, og så har jeg lidt bonusinfo til dig. Du bestemmer selv, hvor det skal fødes. Hvis du er lidt usikker på situationen, eller der har været komplikationer under graviditeten, så fød endelig på et hospital, men ellers er der intet i vejen for at føde hjemme. Der er mere ro på, og du skal ikke konkurrere med alle de andre fødende om jordemoderens opmærksomhed, hvis det ovenikøbet er fuldmåne. Ude eller hjemme, det finder du selv ud af. Men allervigtigst: Du skal ikke være bange, du kan sagtens føde det barn. Din krop har noget nedarvet erindring, som automatisk bliver frigjort, og du skal bare gå med den. Træk vejret, og drag ind i dig selv. Det gør ondt at have veer, men det er ikke farligt, og du kan mærke det på kvaliteten af smerten, den føles ikke forkert, hvis du forstår, hvad jeg mener. Der er pause mellem veerne, der skal du slappe af. Nyd pausen, du skal ikke ligge og frygte den næste ve. Som en klog kvinde, jeg kender, sagde: *Der er en pose med veer. Der kan ikke komme flere veer ned i den pose. Antallet er fast. Hver gang du har haft en ve, er der en ve mindre i posen.* Du skal have styr på din vejrtrækning, så går du ikke i panik, og husk, at det varer en rum tid, men barnet kommer altid ud, og så kommer moderkagen svuppende, og sørg for ikke at få klippet navlesnoren for tidligt, vent til den ikke pulserer længere, for vi skal have alt blodet ind i barnets årer, hvor det hører hjemme.

Se, så er det hele overstået, og du ligger med dit yndige barn i armene. Når du lægger hende til dit bryst, så kommer den fineste tyktflydende mælk ud, råmælken, fuld af antistoffer, som beskytter mod sygdomme og allergier. Og når hun kigger op på dig med sit uudgrundelige, nyfødte, violette himmelblik, så løber den fineste tyktflydende kærlighed fra dine øjne ned i hendes. Råkærligheden. Den er også fuld af antistoffer, som beskytter dit barn mod alt det grimme og onde, som verden også bringer. Denne ubetingede tyktflydende moderkærlighed skaber en brynje, en skudsikker vest omkring dit barn, her på tærsklen til livet, og det er godt. Tillykke du, jeg sender alle mine bedste, kærligste moderstråler.

SAVNEDAG. Det er godt at opdage, at man savner. Måske er det først nu, hvor savnet niver i dit hjerte, at det går op for dig, hvor meget en bestemt ven betyder. *Absence makes the heart go tender.* Min mand var på et tidspunkt i udlandet i tre måneder, i en krigszone, hvor vi ikke kunne tale i telefon sammen, og jeg erfarede, at tre måneder er smertegrænsen for mig. Det var, som om min krop ikke forstod det, den begyndte lige så stille at afvikle relationen, og til sidst troede den, at han var død. Det er sikkert en smart evolutionær stenaldermekanisme, at *nu skal du ud og finde en anden han, så du kan få noget afkom,* men det betød, at jeg nærmest gik i sorg. Da han kom hjem, blev min hjerne glad og mit hjerte slog døren op, men der gik næsten en uge, inden min krop vågnede af sin sorgtrance, og vi faldt i synk.

LØNFORHANDLINGSDAG. Når du
skal forhandle løn, så sæt pris på dig selv. Hvad er du værd? Er du dygtig, så skal du have en god løn, fordi du skaber værdi. Det er ikke flovt at værdsætte sig selv, og fremhæve det, der gør dig til en god medarbejder. Hvis du synes, det er pinligt, så får du ikke det samme i løn som din mandlige kollega, som synes, det er sjovt at forhandle. Og så kan vi ikke bagefter gå og brokke os over, at der ikke er ligeløn. Beslut dig for, hvad du vil have i løn. Vær fleksibel. Hold øjenkontakt. Hav en nedre smertegrænse, og vær villig til at sige op, hvis du ikke kan få det, du gerne vil have. Who dares wins!

ENGLEDAG. Der er engle overalt. De går iblandt os. Ofte opdager man det først bagefter, når man har været i kontakt med en engel. Men når man får blik for dem, så ser man, at der er englevagt omkring en. Min svigerfar er en engel. Alle hunde og børn søger ham. Han beroliger oprørte sjæle med sin blotte tilstedeværelse. Min hund Darwin er en engel. En hundeengel. Dyr kan sagtens være engle. Min ven Ole Madsen er en engel, selvom han ikke ved det. Hvem i din omgangskreds er engle? Og hvem er du engel for?

FORÆLDREDAG. Hvis du har børn, er det
jo forældredag hver dag. Men i dag tager vi dagen på os,
og er de forældre, vi gerne vil være. Vi erkender, at vi er
mennesker, og at der kun er 24 timer i et døgn: De otte
er vi på arbejde, de otte sover vi, og de otte har vi fri.

Så altså: Du henter børnene tidligt – hvis og kun hvis
– det er det, de helst vil. Hvis du kun henter tidligt
for at blære dig med det på Facebook, og ungerne i
virkeligheden helst vil blive på fritteren, fordi det er
sjovere end at være sammen med dig, som hellere vil
på café alene eller få noget body-sds-massage hos Jack
ude i Hellerup, så er det helt o.k. Så henter du bare
lige inden lukketid. Sammen køber I ind og bliver eni-
ge om at lave pitabrød med kød og salat. Når I kommer
hjem, sidder I i køkkenet og taler sammen og drikker
saftevand og spiser noget sandkage, din svigermor
havde med i weekenden. Børnene laver lektier, mens
du forbereder aftensmaden. Den mellemste vil gerne
skære grøntsager, og du hjælper ham til rette og smi-
ler opmuntrende, og barnet føler sig set og anerkendt.
Den yngste dækker bord, og du klapper hende på håret
og roser for den flotte bordækning. Den ældste sid-
der med sin mobil, og du lader hende sidde og nusser

hende i nakken, når du går forbi. Din partner kommer hjem, og I spiser sammen, og måltidet trækker ud. I ser ikke tv, I er bare sammen. Du og din partner sørger for at røre og kysse hinanden, så børnene kan se, at I er glade for hinanden. Når de voksne er glade, er børnene trygge. Den ældste vil gerne tale om noget med en lunefuld veninde, så I sidder lidt alene sammen i køkkenet, og du lytter og byder ikke for tidligt ind med løsninger, men lader hende selv finde frem til, hvad hun skal gøre. Imens læser din partner højt for de to mindste. I går ikke for sent i seng, for så bliver det bare en dum morgen. I er voksne, og børnene er børn. Sådan er det bedst.

EN TIL KANDEN-DAG. Jeg mener at kunne huske, at min mor lærte mig, at når man lavede en kande te til for eksempel fire personer, så skulle der en skefuld teblade i pr. person og en til kanden. Det er et godt princip, som sagtens kan udbredes til andre områder af livet end tebrygning. Når man inviterer gæster til parmiddag, fire vennepar, så sørg for, at der også er en til kanden: En nyskilt lækker veninde, en frømand, en hjerneforsker. En til kanden sørger for, at vi andre er på grisetæerne, at vi opper os.

REGNVEJRSDAG 2. I dag skal det bruges, alt det, du har hamstret og sparet, alt det, du har bunket sammen og gemt til en regnvejrsdag. Er det gær, brugt gavepapir, dåsefrugt fra halvfjerdserne? Jeg ved ikke, hvad du har gemt, men bruges skal det. Er det penge, der står på kontoen til ingen verdens nytte, så er det nu, du skal fyre dem af. Du kan købe en paraply. Køb også en til pigerne, der står på gaden ved Kødbyen og skutter sig i deres korte kjoler og plateausko, mens regnen trækker striber ned over deres malede ansigter. Stik dem en tusindlap hver, og sig, de skal holde formiddagen fri. Der kommer alligevel ingen kunder, sådan som det siler ned. Giv penge til ham med hunden foran Føtex. Det kan godt være, at pengene går til øl, men øl kan sagtens løse akutte problemer for nogle mennesker. Gør en god ven gældfri. Køb blomster til din nabo, som er blevet skilt. Køb fem avisabonnementer og donér dem til sygehuse. Sæt dig på en bænk med din paraply. I dag har du gjort en forskel for nogen. Og nu er regnen stilnet af.

AFKRÆVELSESDAG. Du kan kræve at
få de ørenringe tilbage, som en veninde har lånt. Men
måske skal du nøjes med at bede om dem. De færre-
ste mennesker bryder sig om at blive afkrævet noget.
Husk for alt i verden, at kærlighed, respekt, sex og
tillid ikke er noget, man kan afkræve andre. Det skal
gives frivilligt.

EN TING AD GANGEN-DAG. Læg den boremaskine, blev der sagt! Nej, kvinder er ikke et hak bedre til at multitaske end mænd, det er feministisk propaganda, og du kan ikke sætte hylder op, mens du både ammer og er på Instagram, fordi du skal blære dig med, at du selv sætter hylder op, og med at du ammer. For det første skal du holde op med at blære dig på Instagram, men den snak kan vi tage en anden dag, og for det andet skal du sætte dig ned i en god stol, mens du ammer, og du skal tage dine solbriller af, selvom de er fra Céline og – indrømmet – skidesmarte, men du skal have øjenkontakt med dit barn, det er noget med, at det er sådan, de lærer at føle empati. Du kan gå en tur i skoven, og du behøver ikke at billeddokumentere det. Lav mad, mens du laver mad, du skal ikke se tv imens. Der er ingen, der bliver bedre mennesker af at se tv, tro mig, jeg har lavet meget tv, og der er ingen mad, der bliver bedre af at blive tilberedt under et afsnit af *Paradise Hotel* eller *Tirsdagsanalysen*. En ting ad gangen. Nej for resten, du må gerne rense ører med en forsigtig vatpind, mens du skider. Men kun fordi det føles rart.

315

MULTITASKINGDAG. Glem det.

SEPTEMBER

AFREGNINGSDAG. Betal, hvad du skylder. Husk pengegæld er bringegæld. Vekselgæld er hentegæld. Som om nogen ved, hvad en veksel er. Læs Ibsens *Et Dukkehjem*, så forstår du. Og hold dig fra klatgæld og husfisse. Bare et godt råd.

SEPTEMBERDAG. Himlen er høj. Luften er lun, men der er kommet en kold note. Tætte spindelvæv med dråber af morgendug. Sommeren er ovre, nu kommer den kolde mørke tid. Men heldigvis har vi lagret solskin og lys i vore depoter. Når man er over fyrre, så er det heldigvis sommer igen om et kort øjeblik, fordi tiden går så hurtigt.

REGNSKABETS DAG. Vi er nødt til at

sætte en hel dag af til det regnskab. En time er ikke nok. Du ved selv, hvad der skal gøres, og hvem der skal overbringes en lille billet med opfordring til at møde op ved daggry ved den store blodbøg, medbringende fleuret, sabel, pistol, eller hvordan I nu bliver enige om at duellere. Ord har I forsøgt jer med, og det gik sløjt. Primært fordi I mod bedre vidende nægtede at kende til hinandens sprog, og forståelsen af kropssprog kræver, at man dels er i samme rum, dels anerkender hinandens tilstedeværelse her på jorden. Og det har skortet på anerkendelse. Så nu må I ud og duellere. Jeg møder gerne op som sekundant, hvis I vil have det. Men ikke for at råbe *en, to, tre, fyr!*, forbinde jeres sår eller kåre en vinder. Jeg kommer i en lang hvid kjole, med en fjerprydning på hovedet og bare tæer, bærende på en kurv med agurkesandwich, kirsebær, kølig Riesling og en hvid damaskdug med tilhørende servietter. Så sætter vi os i græsset og taler om jeres store konflikt. Og vi bliver siddende, til vi har lært hinandens sprog og lært at anerkende hinandens ret til at være her i verden, selvom vores idéer om, hvordan den skal indrettes, ikke er i synk. På et tidspunkt falder duggen, og det bliver mørkt. I griber i hver jeres ende af den før så hvide damask, som nu er yndigt plettet af kirsebærsaft og vin, og folder uden nævneværdige problemer dugen perfekt sammen, som om I aldrig havde bestilt andet end at lave interimistiske samarbejdsøvelser. Og hvilket mirakel! Under sammenlægningen finder jeres øjne endelig hinanden. I smiler forlegne. Sammen går vi gennem tusmørket og jeg, som bærer kurven, sakker med vilje bagud. I har meget at tale om.

PJATTEDAG. Her er forskellige forslag til pjat, som alt efter situationen samt modtagerens humør, status og uddannelsesniveau vil vække latter og begejstring eller foragt, træthed og himmelvendte øjne: Læg en pruttepude på overlægens stol inden morgenkonferencen. Tegn upassende dillermandstegninger på tavlen inden forelæsningen ved teologiprofessoren med speciale i Det Gamle Testamentes apokryfer. Når folk giver dig hånden, bøjer du langemand og siger *undskyld vorten*. Hvis du arbejder i en kiosk, svarer du *seks tusind kroner*, når kunden spørger, hvad det bliver for to pakker Prince light. Mulighederne er uanede.

KYSSEDAG. Kys din kæreste. Dine børn. Kys nogens hånd. Der er ingen mennesker i verden, der ikke har fortjent et kys. Eller jo, det er der måske, men de, der ikke har fortjent et, har allermest brug for et. Måske er det dig, der skal give dem det kys og ændre deres livsbane.

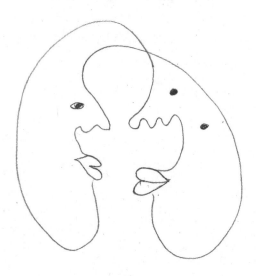

ROSEDAG 2. Køb roser, og giv dem til en, du holder af.

DRØMMEDAG. Hvad drømmer du om?
Hvad bliver ved med at dukke op i din bevidsthed?
Tanken om at flytte til Bornholm og lave ting i ler? Sid-
de ved drejebænken og pølse skåle og fade op? Glasere
dem med blå glasur og brænde dem ved den helt rigtige
temperatur? Hvad holder dig tilbage? At du ikke kan
tale bornholmsk? Pyt med det, det lærer du. At du ikke
ved noget om ler? Så må du på nettet. At det ikke kan
løbe rundt? Så må du få et job som flaskedreng i Netto
ved siden af. Det værste, der kan ske, er ikke særligt
farligt i et velfærdssamfund. Ingen kommer til at dø
af sult, hvis dit ler-eventyr viser sig at være en fuser. I
behøver ikke sælge den yngstes nyre til en rig saudier.
Det værste, der kan ske, er, at din økonomi får et skår,
det kan du siden rette op på. Vær modig. Måske lykkes
det ikke, måske må du forlade Bornholm over hals og
hoved midt i morgenmaden, fordi fogeden banker på.
Men du ryger ikke i gældsfængsel, og de krummer, der
ligger tilbage, kan tages med håndstøvsugeren.

MADDAG 2. Lav noget mad. Nej, ved du hvad, smør nogle madder. Et helt fad. Pølsemadder med karse og løgringe. Leverpostejmadder med agurkeskiver. Bananmadder, rosinmadder, chokolademadder. Ikke smørrebrød, det gør vi en anden dag. Bare madder. Alle elsker madder, som er smurt med kærligt pålæg. Nu råber du *der er madder!* til din familie, og alle kommer strømmende med begejstrede smil, *skal vi ha' madder?* smiler din kæreste og rører ved din arm, *jep vi skal ha' madder,* siger du med en stemme fuld af varme og ser på fadet og opdager, at det er kærlighedsmadder hver og en, også dem med makrel.

GAVEDAG. At give er det største. Det finder man ud af med alderen. Jo mere man har, desto mere skal man give, sådan er det. Man må ikke bruge sin overflod til at ydmyge andre med. Hvis man giver sit gudbarn en gave, der er meget større end den, forældrene har råd til, kan man risikere at skabe ubalance. Giv med kærlighed. En gave er for modtagerens skyld. Det øjeblik, du opdager, at du bruger en gave til at hævde dig, er dens formål gået tabt. Giv så store gaver, du kan, inden for kærlighedens og værdighedens rammer. Giv passende gaver. *Appropriate* hedder det på engelsk. Giv ikke noget, som er *inappropriate*.

PJÆKKEDAG. Hvis du jævnligt pjækker, springer du denne dag over. Jeg vil blot lige i forbifarten minde dig om, at når du pjækker, så er der nogen, der skal løbe hurtigere, og det er tit de samme. Er du et ansvarsfuldt menneske, som passer dine sager og svarer enhver sit og sorterer dit skrald, så kan du roligt tage en pjækkedag. Faktisk vil jeg mene, at det er påkrævet. For at skabe balance. For der er mange pjækkerøve i din omgangskreds, for mennesker som dig tiltrækker folk, som ser deres snit til at være på dit team, fordi de ved, at du altid dækker for dem, når de pjækker. Sådan nogle typer som dig er i akut fare for at blive stressramte, fordi I er så pligtopfyldende, at I skal have 41 i feber og fået fjernet samtlige visdomstænder for bare så meget som at overveje at tage formiddagen fri. Jeg ved, hvad jeg taler om, for jeg er gift med sådan en som dig. I er nogle pragtfulde mennesker, men I er nødt til at bedrive en lillebitte smule selvtægt. Min ven, i dag ringer du og melder dig syg, du behøver ikke komme ind på, hvad du fejler. Der er ingen grund til at lyve mere end højst nødvendigt. Det er der generelt aldrig. Din leder vil formentlig anbefale, at du bliver hjemme i mindst fjorten dage, for det ser dumt ud i

330

statistikken, at du intet sygefravær har, når de andre på afdelingen har mellem 15 og 22 procent. Men lad dig ikke besnakke. Du tager én, og kun én, pjækkedag, og i morgen møder du med nyt mod og viser vejen for dine kolleger. Og du skal nyde det i dag, ikke noget med at få dårlig samvittighed. Denne dag er dig vel undt. Det er folk som dig, der forhindrer vores velværdssamfund i at erodere.

ALVORSDAG. Der er en tid til at pjatte og en tid til alvor. I dag tænker du alvorligt over tingene. Er der noget, du har taget for let på? Noget, som bør behandles med større alvor. Har du slået noget hen, bogstaveligt fejet det af bordet med et højlydt PYT, noget som din partner eller ven eller datter oplever som vigtigt? Tillad alvoren i dag. Alvor behøver ikke at være tungt.

OPLØSNINGSDAG. Se på dit ansigt, hvis du overhovedet kan, for dine øjne løber i vand. Er der noget galt med tåreafløbssystemet? Producerer du for meget tåreflåd? Er det fordi dine øjne har grædt så meget i firserne, at systemet er kommet i udu? Det er, som om du pixellerer, så småt opløser dig i små partikler, som blæser væk i vinden. Det kommer til os allesammen i perioder. Der er ikke så meget at gøre ved det, så giv det et navn. Jeg kalder det *den grynede*. Det begyndte, da jeg som barn en dag havde en dirren i øjenlåget og forklarede min mor, at der skete noget helt specielt med mit øje, som havde bittesmå rytmiske sammentrækninger. Min mor var ikke synderligt imponeret og forklarede, at det havde alle mennesker engang imellem, det var en nerve, der sad i klemme. Ikke så længe efter opdagede jeg, at jeg var ved at gå i opløsning. Min hud og mit ansigt, min krop og min hjerne var ved at dele sig i bittesmå stykker, som risengryn, bare mindre. Og jeg kaldte på min mor og sagde, at jeg havde *den grynede*, i den tro at det havde alle mennesker engang imellem, og hvad man gjorde, for at det skulle holde op? Men hun kiggede træt på mig og sagde, at det var der ikke noget, der hed. Men det er der, og nu kender du navnet.

MODSTANDSDAG. Du ved godt, hvad det

rigtige er at gøre, men du føler dyb modstand. Du ved godt, at man skal tilgive sine fjender, *thi de ved ikke, hvad de gør.* Men du føler en dyb, bitter, rasende modstand i brystet. *Hej Søster*, som Trille sang, det er okay. I dag må du gerne være i modstand. Fandeme nej, om du vil gi' dig. Alle de idioter, du er omgivet af! Sig fra, slå i bordet. Giv din modstand fri. Når man i sin krop kan mærke dyb og inderlig modstand, så har man ofte ret.

DYBVANDSDAG. *Du var købmandens bedste kunde, til du kom ud, hvor du ikke ku' bunde,* som Steppeulvene sang. Sådan en dag er det i dag. Din hals snører sig sammen, dit hjerte hamrer. Du aner ikke, hvad du skal gribe eller gøre i. Gribe i egen barm? Gribe i eget barn? Det kan man jo heller ikke tillade sig. Når man er den voksne, må man påtage sig ansvaret, selvom der sidder en lille grædende rolling inde i ens alt for voksne krop. Du kæmper for at trække dig selv op ved hårrødderne, men du er begyndt at tage vand ind. Hvis det var mig, og det var det, så ville jeg prøve at trække vejret og få styr på panikken og for en sikkerheds skyld folde hænderne og bede til Gud. Og så give endeligt slip med et *que sera sera* på læben. Hvis jeg skal gå under, så er det sådan, og hvis jeg klarer skærene, så vil jeg resten af mit liv huske denne dag og vide at overlevede jeg den, så kan jeg overleve hvad som helst.

PJÆKKEDAG 2. Nej, blev der sagt!

MUSKELDAG. Træn. Dine knogler og muskler har godt af belastning, så du skal løfte tunge ting i dag. Bæreposer. Flyttekasser. Hvis du ikke kender nogen, der skal flytte, så kør rundt på må og få i kvarteret, og når du ser en flyttebil, spørger du chaufføren, om du må hjælpe. De tror muligvis, at du er kriminel eller psykisk syg og afviser. Så må du en tur til crossfit eller vægtløftning et sted i Nordvest med nogle store stærke tatoverede fyre. Spørg, om de vil med ud og bowle bagefter og derefter på værtshus. Foreslå, at I lægger arm om omgange. På et tidspunkt tror en, der hedder Luffe, at du har stillet ham sex i udsigt, så du må af sted i fuld parkour hen over hustagene for at undslippe hans ivrige hænder og lange tunge. Hvis du bor på 8. sal, så tag trappen, når du kommer hjem. Flyt din sofa hen foran vinduet, og fortryd og flyt den tilbage igen. Lav 50 armbøjninger, og vakl i seng.

HELBREDELSESDAG. Der er mange
ting, der er helbredende. Medicin kommer i utallige
forklædninger. Når du er syg, kan du naturligvis gå
til lægen og få noget mod dine dårligdomme. Har du
smerter i livet og hele kroppen og råber *av av av!*, når
nogen rører ved dig? Har du ondt i dine knæ, fordi
du har overtrænet, eller fordi du vejer for meget? Tag
ansvaret for dit eget helbred, uanset om du er syg eller
rask. Det handler ikke om at have skylden. Skyld er
ikke relevant i denne sammenhæng. Men ansvaret er.
Tag det. Du kan selvfølgelig overlade det til sundheds-
væsenet. Råbe *her er min krop, fiks den, jeg har betalt
skat!* Men sundhedsvæsenet har intet hjerte og ingen
bevidsthed. Det ser dig ikke som det fuldendte men-
neske, du er. Det ser dig ikke hele vejen rundt. Dine
relationer, din barndom, dine problemer på arbejdet.
Tag hellere ansvaret selv, og gør læger og sygeplejer-
sker til dine allierede. Tag ejerskab over din sygdom og
din sundhed. Begynd, mens du er rask. Ellers kan det
blive en ordentlig mundfuld. Når sygdom og smerter
kommer på besøg, så spørg dig selv, hvad de vil dig,
hvilke informationer ligger gemt hos dem. Igen, det har
intet med skyld at gøre. Ikke noget med *hvad har jeg*

gjort forkert, siden jeg blev syg? Ikke noget med at gå og smide om sig med vrøvl som *det er karmaloven,* når folk bliver syge. Det er en fuldkommen misforståelse. Det handler ikke om straf. Alene om bevidsthed.

GUDS DAG. Du kan læse Bibelen eller Kora-
nen, eller hvad du synes. Men det mest sandsynlige er,
at du bliver rædselsslagen over Guds vrede, hvis du
læser de bøger. Jeg tror, at Gud er kærlighed, og at Gud
er inde i dig, og du er inde i Gud. At Gud er en stor
døgnåben kærlighedsbutik. At du kan stikke et sugerør
ned i det store kar med kærlighed og suge kærlighed
op, når du er svag og bange, og når du er glad og har
lyst til at vise din taknemmelighed. At Gud er i naturen
og universet, og at alt er forbundet, og at vi mennesker
er forbundne, og det er derfor, at vi skader os selv, når
vi skader hinanden. Hvis du var en røvbanan over for
nogen i går, og det var du jo nok, så gå i kirke i dag,
eller et andet sted, måske bare ind i dit eget hjertes løn-
kammer, og tænd et lys for dem og dermed for dig selv.
Vi er hinanden. Det er, hvad jeg tror.

VELFÆRDSDAG. Der er flere muligheder. Men i et velfærdssamfund som vores kan du begynde dagen med at aflevere dine børn i skole eller daginstitution, og du smiler varmt til pædagogerne, som passer din øgleyngel for en ikke særlig prangende løn. Hvis dine børn går i skole, så afleverer du dem foran skolen, ikke noget med at gå med op i klasseværelset og forstyrre. Lærerne har det stramt nok i forvejen. Hvis du skriver beskeder på forældre-intra, så husk at skrive *tak fordi I underviser mine børn og tak for jeres måde at være på, og hav en fortsat god dag.* Du kan vælge en mere original formulering, det blander jeg mig ikke i. Ingen lange mails om dit eget barns trivsel. Ikke noget med krav om særbehandling. Hvis du vil have særbehandling, så kan du smide dine unger på privatskole eller undervise dem selv i eget hjem. Nej vel? Bare tanken om at skulle være sammen med dine børn hele, dagen giver dig kuldegysninger. Så er det tid til at gå ned på biblioteket og læse alle aviserne. Også dem, du ikke er politisk på bølgelængde med. Bagefter kan du gå på museum, og du kan gå rundt i en grøn park, og hvis der ligger skrald, så saml det op og smid det i en skraldespand i stedet for at skrive et facebookindlæg

341

om, at folk er nogle svin. Lad den hennafarvede dame som *kun har en mango* i kurven, få en forlomme i køen i Rema. Køb Hus Forbi. Hjælp din nabo med at bakse en ny IKEA-seng op ad trappen. Kys din mand og dine børn. Velfærd er mange ting.

KONSEKVENSDAG. I dag tager du konse-
kvensen af dine valg. Meget af det, der foregår i dit liv
lige nu, er konsekvensen af dine valg frem til i dag. Ly-
der det hårdt? Måske. Men er det ikke også beroligende
at vide, at hvis der er noget, du ikke er glad for, noget
der holder dig nede i støvet, så kan du ændre på det ved
at træffe nogle nye valg. Du kan ikke lave om på dine
valg i fortiden. Men du kan tage konsekvensen af dem
og lave om på, hvor meget de må fylde nu. Hvis du er
kvinde og over halvtreds og ikke har fået nogen børn og
fortryder, kan du tage dig mere af dine nevøer og nie-
cer eller dine venners børn. Eller du kan måske få lov
til at adoptere en forældreløs femogtyveårig, som kan
arve dig, så pengene ikke behøver gå til Kattens Værn.
Måske kan I få en god relation. Hvis du har fem børn
og synes, det er til den gode side, så er der desværre
ikke noget at gøre ved det. Du må tage konsekvensen
og glæde dig over, at der bliver hænder nok til at bære
din kiste. Og råb hurra over alle de børnebørn du får.

Er du ensom, fordi du forsømte alle dine forår? Ring
til de sidste venner, som prøvede at få dig med ud at
bowle, også selvom det er over tolv år siden. Måske
kan de stadig huske dig, selvom du altid skulle hjem og

skrive speciale. Hvis du er tyk, er det konsekvensen af alle de valg, du har truffet. *Jeg har ikke valgt at blive tyk,* råber du vredt. Jo, du har min ven, hvem har ellers valgt det? Du har valgt at gå hen til køleskabet og åbne det og smøre en mad med ekstra mayo. Du er jo ikke blevet tvangsfodret. Isen i fryseren har ikke købt sig selv, pomfritterne og pizzaerne er ikke sprunget på dig og har overmandet dig og tiltvunget sig adgang til din krop. Du kunne være blevet siddende på din stol, så havde du ikke taget på, eller du kunne være gået en tur i skoven i stedet for at gå i 7-Eleven og købe ostepops. Men du kan træffe nogle nye valg. Eller forblive tyk. Du skal ikke høre en lyd fra mig. Og du er lige så vidunderligt et menneske som alle de tynde. Især hvis du ikke giver andre skylden for dine smukke deller.

INKONSEKVENSDAG. *Nej!* råber du til dine børn, *I må ikke få matadormix til morgenmad, nej blev der sagt,* og efter nogle minutters intens skrigen og hylen slår du i bordet og skærer igennem og siger med høj inkonsekvent stemme, *godt men så skal I også spise op.* Du tager ud af bordet, mens du beder dine børn om at hjælpe. Men de sidder begravet i hver deres iPad og svarer ikke. *Så er det i seng,* siger du ved halv nitiden, *I skal tidligt op i morgen.* Klokken elleve trækker du den trettenårige, som kæmper imod og kommer til at forstuve din tommelfinger i kampens hede, ind i seng og siger, *jeg gider ikke det her cirkus hver aften.* Du bliver mødt af en fuckfinger. Du beslutter dig for at gå i seng inden elleve, så du kan få otte timers søvn, men kommer til at zappe mellem forskellige underlødige dokusoaps på obskure tv-kanaler. Klokken 02:45 vakler du ind i seng uden at børste tænder og falder i søvn med din bøjle-bh på.

INKONTINENSDAG. Du nyser et kæmpe nys i bussen og tisser ikke bare en lille tår, men hvad der svarer til en halv cola. Bare i gult, og du skal til møde med nogen vigtige. Det skulle du have tænkt på, før du fik børn. Og du boede endda på Frederiksberg lige ved Helle Gotved-instituttet. Men næ nej, du var for fin til at lave knibeøvelser. Den, der ikke vil høre, må føle. Hovmod står for fald. Så er det i gang, Madame. Du kan passende købe nogle af de der tunge æggelignende sølvkugler til at sætte op i Mutter Fit, så du kan udvikle noget seriøs muskulatur. Af sted blev der sagt! Men du tør ikke gå ind i butikken, for hvis nu du møder nogle af dine børns venners forældre. Nå, men så står den på knibeøvelser, når du står i kø eller er på ventetone hos Yousee eller en eller anden styrelse, eller når du sidder i morgentrafikken, det kan snildt blive til nogle timer om dagen. Pas på, du ender med at kunne lave det der thailandske trick med bordtennisboldene.

MILDHEDSDAG. Ifør dig et blidt, mildt smil. Helt afslappede kæber og læber. Bløde øjne. Ikke for hurtige bevægelser. Udvis blidme, som er et godt ord opfundet til lejligheden. Alle mennesker, der møder dig i dag, vil føle sig i gode blide hænder. Børn vil drages mod dig. Klap dem på hovedet, stryg deres hår, ae deres kinder. Ros deres tegninger, og lyt, når de taler om deres kæledyr. Rør ved voksne menneskers albuer eller stryg dem på overarmen på Obama-måden. Folk vil sætte sig ved siden af dig i bussen eller i venteværelset. Din tiltrækningskraft er høj. Mennesker vil læne sig ind mod dig. Du har en høj vibration. Ikke noget erotisk, bare blidme.

DIES IRAE. Vreden, Gudinde! besyng. I dag
går du med din vrede. Al den vrede, som ligger som
en knoldet trøffel i dit indre. Som et uopdaget organ
lige ved siden af galdeblæren. For hvad helvede er me-
ningen? Hvad fuck er det for en verden, vi lever i! Der
ligger store plastikøer i havene på størrelse med Frank-
rig. Vi holder produktionsdyr under forhold, som er
at sammenligne med koncentrationslejre. Vores børn
henslæber deres værdifulde barndom i institutioner
med dårlige normereringer og modløse, udbrændte
pædagoger. Alle får diagnoser. Der er giftstoffer i ma-
den, og vandtrykket i København oppe på fjerde sal er
så latterligt lavt, at du er begyndt at gå i svømmehallen
i stedet, fordi et styrtebad tager tre kvarter og er aldeles
uden styrt. Og hvad hulan er det for et samfund, hvor
man ikke kan have en saglig debat om drengeomskæ-
ring, uden at folk ryger i skyttegravene, og nazikortet
bliver trukket. Og der er 70 procent afgift på el. Og vi
betaler moms af afgiften. Moms af en afgift. Det er jo
det rene Kafka.

Og det summer i dine fingre og læber, og dit blod-
tryk er faretruende højt, for du er så flyforbandet, og
folk går bare rundt som nokkefår og stemmekvæg og

kanonføde. Helt lullet ind i flegma og indolens og ingen gør noget. Så du stiller dig foran Christiansborg med et skilt, hvor der står "VÅGN DOG OP!", og pludselig er du omringet af venligt smilende mænd med kortærmede skjorter og kvinder med pagehår og fornuftigt fodtøj, som vil invitere dig med i Rigssalen sammen med de andre Jehovas Vidner og tale om jordens undergang, for de tror, I er et Vi. Du skriger og fægter dig fri og løber over Knippelsbro og ned ad Prinsessegade og ind på Staden, hvor du køber en ordentlig joint af mærket *Bagmandens efterårsryger.* Typisk, der kommer en hær af kampklædte politibetjente løbende mod dig, og du bliver lagt i benlås. Nu ligger du her, med kinden presset ned mod asfalten på Pusherstreet. Det får konsekvenser for dit job som fuldmægtig i justitsministeriet. Din partner forlader dig, dine børn vender dig ryggen. Dit liv ligger i ruiner. Alt sammen på grund af utøjlet vrede. Min ven, vrede er ikke en farbar vej. Der er en anden vej. Den går du ad, når du er parat. Pøj pøj.

BARNETS FØRSTE SYGEDAG.

Men hvad hvis jeg ikke har noget barn, eller mit barn er over atten? råber du og føler dig forfordelt. Ja, det ved jeg virkelig ikke, så må du selv finde på noget. Du kan jo eventuelt gå på arbejde. Der er garanteret nogle af dine kolleger med børn, der også har barnets første sygedag, så din tilstedeværelse vil være velset i afdelingen. Og jeg vil lige indskærpe en ting, som mange har glemt i vores velfærdssamfund, hvor rettighedstænkning er en skrækkelig børnesygdom, som jeg håber, vi snart finder en vaccine imod, det er ikke uretfærdigt, at det kun er de syge, der får sygedagpenge, dem med børn, som får børnepenge, og de gamle, der får pension. Vi skal ikke alle sammen have det samme, eller lige meget, for den sags skyld. Jeg skal ikke have tilskud til min datters efterskole, hvis jeg har en god indtægt. Middelklassens børn skal ikke have S.U., hvis de bor hjemme hos deres curlingforældre. Dem, der ikke kan klare sig selv, skal hjælpes ordentligt, og det er der ikke råd til, hvis vi, der kan klare os selv, skal have alt muligt af staten, som vi selv kunne finansiere. Og vores børn skal ikke have boligsikring, når de bor i en forældrekøbt lejlighed. Selvom det er efter

350

reglerne. Det er asocialt. Altså, det må du selv om.
Gør, hvad du vil.

FORANDRINGSDAG. Hvordan skaber man forandring? Man tager en beslutning. Jo! Hold op med det piveri. Der er ikke andre end dig, der kan tage den beslutning. *Jamen, jeg kan ikke*, hyler du, og fremhæver noget med din barndom. Ja, ja, den var formentlig ikke optimal, sikkert helt ad helvede til, men så skriv en bog om den, som kan hjælpe andre, den skal i hvert fald ikke gå til spilde, den rådne barndom. I øvrigt kender jeg maks. to personer, der har haft en rigtig lykkelig barndom, og de er begge to dødkedelige og ikke nogen, man gider hverken drikke sig fuld med eller knalde. En dårlig barndom giver nogle flotte ar og noget krydderi på en ellers gennemsnitlig personlighed. Hvis du ikke gider slæbe rundt på den barndom længere, som et bastskørt af smerte og fornedrelse, så må du beslutte dig for, at den ikke længere er dit narrativ. Er der andre historier om dig end din fortvivlende barndom, dine fordrukne rygerforældre, din klamme onkel, som ragede på dig til familiefesterne og endte med at tage din mødom i en campingvogn, den dårlige kost og deraf afledte skamfulde tandstatus, den manglende lektiehjælp? Ja, der er den, du er. Din sjæl, din essens, den kan ingen røre. Du er et elsket gudsbarn,

352

som kom lidt dårligt fra start. Det skal du nok få indhentet, hvis du beslutter dig. Vi er mange, der gerne vil hjælpe dig. Men du må selv tage beslutningen. Den kan vi ikke tage for dig. Når du har taget den, står vi klar med åbne arme og støtte og kærlighed og krammere. Men beslutningen er din alene. Ellers er du hende med den dårlige barndom. Dit valg.

BARNETS ANDEN SYGEDAG. Ja,

sådan er det at have børn. De bliver syge. Sørg for, at det ikke er *alt* for hyggeligt at være syg. Der skal naturligvis være oceaner af tryghed og omsorg og en tålmodig mor eller far. Men. Giv dem mindst lige så meget opmærksomhed, når de er raske, så de ikke forbinder sygdom med forkælelse, privilegier og *specialness*. Selvfølgelig må de gerne ligge inde på sofaen med tissedynen og spise is, hvis de har fået fjernet mandler eller polypper (hvis man da overhovedet fjerner polypper mere? Det gjorde man i stride strømme i tresserne, da jeg var barn), men det må de også en gang imellem, når de er raske. Måske skal de have en lille raskhedsgave, når de er på benene igen.

PENGEDAG. Først og fremmest vil jeg sige til dig, at alt, hvad du har lært om penge, sandsynligvis er forkert. Sådan er det i hvert fald i mit liv. Jeg har lært, at penge er noget, der mangler. At de ikke hænger på træerne. At det er flovt at tale om penge. At rige mennesker enten har snydt, er grådige, bjergsomme eller bare generelt nogle røvhuller. At fattige mennesker som udgangspunkt er i besiddelse af en højere moral. At fattigdom har noget ædelt og ophøjet over sig. Alt dette er forkert. Penge er energi. Penge er ikke noget personligt. Der er alle de penge i verden, som du skal bruge, og du kan selv være med til at bestemme, hvor mange af dem, der skal i din retning. Måske ved du godt det her i forvejen. Men måske ved du det ikke, og lige nu har du lyst til at tyre bogen ud ad vinduet og skrive på Facebook, at jeg er en fed forkælet luder, der ikke ved noget om at være fattig og fortvivlet. Men min kære ven, tro mig, det ved jeg alt om. Det er en af mine spidskompetencer.

Fordi jeg er født ind i en familie, der konsekvent var på røven, har jeg fundet ud af, hvordan det med penge fungerer. Hvis jeg var vokset op i en rig familie, havde jeg måske ikke lært det. Så jeg er min lurvede barndom

355

evigt taknemmelig. Du er nødt til at blive gode venner med penge, ellers kommer de ikke og besøger dig. Du må ophøre med at dæmonisere rige mennesker. Nogle af dem er givetvis nogle røvhuller. Men det havde de sikkert også været, hvis de var fattige. Penge i sig selv er neutrale. Rigdom kan korrumpere, så man mister engagementet i andre mennesker, men det samme gør sig sandelig også gældende med fattigdom. Men vi stopper for nu, så det ikke bliver for uoverkommeligt, for vi skal have smadret nogle stentavler og vendt bunden i vejret på dine overbevisninger. Vi vender tilbage i morgen.

PENGEDAG 2. Når du ser noget, du gerne vil eje, så tænk på det, som om du allerede har det. Når andre mennesker har købt noget, du selv ønsker dig, så bliv glad på deres vegne, i stedet for at blive misundelig, og tænk, at det er godt, at de har købt og dermed vist vejen. Hvis du ikke har pengene endnu, så husk, at det ikke er ensbetydende med, at du aldrig får råd. Det er en forbigående pengemangel. Du må aldrig spare for at blive rig. Det eneste, du opnår, er, at du sender signaler ud til universets store bankrådgiver, som hører dig og giver dig mere af det, du sender ud. Nemlig mangel og knaphed. Hvis der kun er hundrede kroner tilbage i din pung til resten af måneden, så køb Hus Forbi og nogle blomster til en ven, som er sygemeldt. Udvis tillid til, at der kommer andre penge. Giv det, du selv gerne vil have mere af. Giv penge, når de søndagsfriske ringer på døren med en bøsse fra Folkekirkens Nødhjælp. Giv en øl, når du er i byen med dine studiekammerater, selvom du er på S.U. Giv, giv, giv. Den, der har, skal mere gives. Den, der giver, signalerer overflod og får mere af det. Giv alt, hvad du ønsker dig, til andre: Penge, komplimenter, oralsex, kærlighed. Giv, og du vil modtage. Sådan er det.

OMVENDTSDAG. Ligger det ikke ligesom i ordet? Gør det omvendte. Gør det, du ikke plejer. Men kun på de områder i dit liv, hvor det hele går ad Hekkenfeldt til. Hvis man bliver ved med at bruge den samme strategi og bliver ved med at opnå det samme dårlige resultat, så er strategien forkert. Lav om. Skift spor. Man og Plejer skal gå en lang tur og aldrig komme tilbage. Man og Plejer er kun interessante, hvis de skaber gode resultater, og så hedder de noget andet. Hvis du plejer at langtidsstege, og sværen bliver blød hver gang, så skift strategi, steg på 250 grader og giv den flæskesteg nogle tæsk i et kvarter, skru ned på 180 og steg færdig. Eller omvendt. Strategier, der ikke virker, skal skiftes ud!

OKTOBER

UDGIVELSESDAG. Du udgiver noget i dag. En bog? Du sender dit barn ud i verden. Dit elskede barn. Det er ikke sikkert, at verden vil elske det. Men derfor er det stadig dit elskede barn. Jeg ønsker dig alt godt, og du skal ikke være bange. Som Pilatus sagde: *Quod scripsi, scripsi.* Det gælder også for dig, det du skrev, det skrev du. Er du selv tilfreds? Skrev du med hjertet, eller sprang du over, hvor gærdet er lavest? Lyver du? Har du skrevet noget, som ikke har et kærligt formål? Hvilket formål har det så? Bliv så bevidst som muligt om din egen tekst. Så kan du bedre tåle, hvis der opstår virak eller larmede tavshed. Inviter alle de søde til reception, så dagen bliver et smukt minde.

MINIMALISTISK DAG. Skyl dig med

lunkent vand og lufttør. Ifør dig en kjortel i ubleget hør.
Til morgenmad: en halv blodgrape. Fjern alt overflø-
digt fra dit hjem. Der må højst være tre møbler i hvert
rum. Ingen nips, madonnafigurer, indiske dimser eller
tørrede blomster, som står og samler støv. Koncentrer
dig om en ting ad gangen. Ryd op efter dig. Efterlad
ikke spor. Heller ikke digitale. Skriv med blyant på bøt-
tepapir. Skriv et ord ad gangen. Hellere få sande ord
end en masse sludder-pludder. Nyd stilheden. Klap
hunden. Se på dit sæbeskurede ansigt i spejlet. Du er.
Du findes.

MAKSIMALISTISK DAG. Du løber
ned i Lagkagebageren iført gulvlang pink vintage silke-
kimono med lilla drager op ad ryggen. Koturner, hvis
du har nogen stående. Køb en af hver af deres mor-
genbrød og to pakker smør. Hjemme igen arrangerer
du et overdådigt morgenbord og laver frugtfad, presser
granatæbler til vidunderlig lysende saft og sætter en
klaverkoncert på. Lav et karbad tilsat varm mælk, drys
rosenblade udover. Vask dit hår, og massér derefter to
æggeblommer i og arbejd dem godt ned i hovedbun-
den. Scrub og peel din hud i ansigtet og på kroppen.
Skyl dig grundigt, og tag en blød badekåbe og sva-
nedunstøfler på. Sæt dig foran spejlet, og smink dig
smukt. Vipper på. Blush. Røde læber. Krøl eller glat
dit hår alt efter udgangspunkt. Lakér dine negle. Ifør
dig en lang kjole, gerne med slæb. Eller et jakkesæt
med meget lange vide ben. Gå op og ned ad Strøget
eller Frederiksberg Allé eller Langelinie, eller hvor du
nu bor. Vælg et sted, hvor du er sikker på at blive set.
Kast karameller til børnene og stik tilfældige børn *en
daler til en iskage*. Le højt med nakken kastet tilbage.
Kør i karet, hvis muligheden byder sig. Køb en tiara
hos Hartmann eller i Topshop, alt efter dit økonomiske

råderum. Du kan altid returnere den i morgen. Mad din elskede med druer. Hav storslået sex, som involverer en gynge, en strudsefjer dyppet i æggehvide og en aubergine. Slut af med en fælles synkron orgasme. Og så er det på hovedet i seng. I morgen er der atter en dag.

ATTERDAG.

POLITISK DAG. Du har haft stemmeret i
årevis, og den går ikke længere, Granberg. Nu er det på
høje tid, at du sætter dig ind i tingene. Du går på net-
tet og læser alle partiernes programmer. Du læser om
socialisme og konservatisme og liberalisme. Du hører
radiointerviews med de tre politikere, du er mest uenig
med. Du mærker efter, hvor meget du selv gerne vil bi-
drage med af din løn til fællesskabet og tjekker, hvilket
parti du er mest på bølgelængde med. Du får afklaret
dine synspunkter omkring offentlige transportmidler
versus privatbilisme og tænker fordomsfrit over, hvor
mange tosprogede børn, der må være i dit barns klasse,
før smertegrænsen er nået. Hvor lidt oksekød du kan
nøjes med, selvom du spiser det i smug. Du noterer alle
de gange, hvor du har nydt at tilhøre det køn, du har,
og at blive feteret af det modsatte på måder, der ikke
tåler dagens lys i den gruppe af intersektionelle femini-
ster, du stadig hænger ud med, fordi I var i læsegruppe
sammen på sociologi. Du skriver resultatet ned i en lil-
le notesbog. Du skal være ærlig. Du behøver ikke vise
bogen til nogen, hvis tallene gør dig flov. Næste gang
du sidder med dine venner i festligt lag, og debatten
bølger, så prøv ikke at forfalde til populisme, at sige

og mene det, du tror, de andre vil høre, det acceptable synspunkt. Prøv i stedet at være ærlig. Der er ingen, der tror, du er et dårligt menneske. Det ved vi godt, du ikke er. Og ellers må du finde nogle nye venner.

PELSDAG. Medmindre du er veganer, så iføer du dig noget pels. En russisk pelshat fra Samarkand-butikken eller din fasters aflagte *Breitschwanz*. Vi har altid gået med pels. Det er sådan, vi mennesker har overlevet i de kolde egne. Derfor er det ikke sikkert, at vi skal blive ved med at gøre det. Vi har som menneskehed gjort rigtig mange ting, som vi ikke behøver at gøre længere. Måske er brug af pels en af dem. Jeg er ikke helt sikker. Har selv en vintage minkcape, som jeg er meget glad for. Kan vi lave en aftale om, at man godt må gå med pels, hvis man selv spiser kødet fra dyret? Mink-carpaccio? Rettelse: At *nogen* spiser kødet. Det behøver ikke være en selv. Det kan også være en kat eller nogle akvariefisk.

MIRAKELDAG 3. I dag sker der mirakler.

Det gør der hver dag, men i dag opdager du det. Solen står op. Kærligheden blomstrer. Ting lykkes. Læber mødes. Din stjålne cykel dukker op. Den var forresten ikke stjålet. Du var bare fuld, da du efterlod den foran Magasin.

VOODOO-DAG. Du må love ikke at låne
Laura din hårbørste og bagefter pille hendes hår ud
af den og gemme det sammen med hendes afklippede
negle, du fandt en dag, du hentede din datter og lån-
te toilettet og obsessivt-kompulsivt rodede i medicin-
skabet og fandt tre-i-eneren med neglerester. Du kunne
tydeligt kende de negle, tykke og hvide, ikke sådan no-
gen gumminegle, som du slæber rundt på. Og du må
overhovedet ikke lave en interimistisk dukke og sy hen-
des dna-materiale ind i den og tegne hendes ansigt på
den med sprit-tusch. Og du må under ingen omstæn-
digheder stikke nåle i dukkens skinneben, lige inden
hun skal løbe Eremitageløbet, mens din ekskæreste og
store kærlighed står og hepper på hende sammen med
deres unger. Det må du ikke. For helvede, kan du ikke
godt selv høre det? Nej? Nå, men så bare et lille prik
og kun i hælen.

GAVEDAG 2. Alle skal have gaver i dag. Også de, der ikke troede, de havde fortjent det. De bliver ofte gladest.

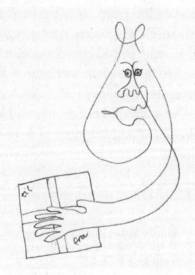

VALGDAG. Måske er der valg i dag til Folketinget. Så går du ned og stemmer og glæder dig over demokratiet. På vej hjem køber du økologisk stegeflæsk, aspargeskartofler, en liter sød og smør, mel har du i skabet. *Du salter flæsket og drysser med friskkværnet peber og lægger det på bagepapir i bradepanden på 160 grader i nogle timer, til det er brunt. Kartoflerne koger du med salt og en halv økocitron, når der er et kvarter til, I skal spise. Persillesovs laves således: Smelt meget smør i en tykbundet gryde, pisk et par skefulde mel i med et bambuspiskeris, gryden må ikke være for varm. Pisk mælk i, og rør i det jævnligt. Sovsen må ikke brænde fast i gryden, så smager den af brændt risengrød eller en dårlig latte fra en ukyndig baristas hånd. Når sovsen er tyknet, hælder du en masse hakket persille i og serverer den med det sprødstegte flæsk og kartofler, som man selv piller ved bordet.* Ah dejligt! Men måske er det en af de dage, hvor der er valg til en forældrebestyrelse på lilleskolen, eller gud forbyde det i din andelsforening. Medmindre du er et af de få mennesker i kongeriget, som gerne vil sidde i en andelsbestyrelse og tale om havedag, og at det er for dårligt, at Jesper og Merete aldrig deltager, så vil mit råd til dig være at gemme dig, mens mødet står på. Læg dig musestille på gulvet så det ikke begynder at knirke og afslører dig, så de andre andelshavere sparker din dør ind og flår dig ned på første hos Vagn og Anne-Grethe, hvor du bliver tvangsfodret med gulerodskage og valgt til kasserer.

LORTEDAG. Det er en lortedag, og det har du lov til at synes. Den er begyndt helt forkert. Du vågnede for sent. Du har sovet dårligt. Der har været et vist omfang af nattesved. Onde drømme de ti minutter, du overhovedet sov. Du lugter af gift, og der er ikke noget varmt vand, fordi fyret er gået ud. Dine børn er umulige og i grunden hverken særlig pæne eller vellykkede med deres dårlige hud og diagnoser og tandbøjler. Din mand er grim og tyk og pletskaldet, og du kan ikke huske, hvorfor du giftede dig med ham. Måske fordi der ikke var andre, der ville have dig. Du er selv grim og tyk og har stikkende hår på hagen og tandsten og deller i nakken, spejlægsbryster, asymmetriske skamlæber og er offentligt ansat med udsigt til den samme løn de næste 15 år. Du hader din chef og dine kolleger, som hele tiden brokker sig over, hvor hårdt de er spændt for, mens de sidder på deres kæmperøve og spiser noget hjemmebag. Og du er vred på borgmesteren og alle mennesker generelt.

Kære du, jeg forstår dig godt. Lortedage er fulde af lort. Husk, du er en gnist af det guddommelige. Du er et gudsbarn. Du er et perfekt, vidunderligt guds frø, som kan vokse op og blive den mest vidunderlige blomst. Alt det lort, du føler, du er smurt ind i, bliver den perfekte kompost, som vil nære dig og hjælpe din spiring og blomstring på vej, hvis du beslutter dig for, at du skal være en blomst. Du er et frø. Gødet med lort. Du kommer til at blomstre og dufte og skabe glæde for mange. Selvom det ved gud ikke ser sådan ud, her i lortet.

MÆRKEDAG. Det er en vigtig dag i dag. Måske er det den dag for 75 år siden, dine bedsteforældre blev sejlet til Sverige. Måske er det den dag for 15 år siden, du blev optaget på din drømmeuddannelse på et afbud. Tænd et lys, og glæd dig.

FORFRASDAG. Begynd forfra. På hvad ved jeg ikke. Et strikketøj. Dit parforhold. Din slankekur. En ny begyndelse. Du behøver ikke begå de samme fejl som sidst. Det er hele princippet i at begynde forfra.

BAGFRASDAG. Ja, du ved godt, hvad jeg mener.

BILLIGT SLUPPET-DAG. Tænk, hvor

galt du kunne være gået. Du sidder her og læser en bog. Det vil sige, at du kan læse, og at du har øjne. Du har købt en bog, det vil sige, at du på et tidspunkt har haft penge på lommen og været i en butik. Eller måske har du fået den forærende, det vil sige, du har nogen, der holder af dig. *Ja ja*, tænker du, *men jeg er tyk og har kighoste og er blevet fyret på grund af nedskæringer eller samarbejdsvanskeligheder eller en kombination, og jeg er blevet smidt ud af min lejlighed.* Ja. Det kan jeg godt se. Men du er i live. Og du får et andet job, især hvis du holder op med at være så galsindet. Du finder også en ny lejlighed, og ellers må du bo i telt ude i skoven sammen med nogle krigsveteraner. Måske finder du sammen med en af dem, og gensidigt hjælper I hinanden ud af suppedasen. Nej, jeg gør ikke nar. Du må ikke tro, at jeg ikke anerkender din pine, jeg kan sagtens se, at din situation er problematisk. Men det løser sig. Vi skal have syv pund skidt om året. Og ja, du sidder i lort til halsen. Men det er billigt sluppet. Nogle sidder i lort til op over øjenbrynene. Er druknet i lort. Det er du ikke. Du har stadig hovedet fri. At være i live er det ultimative succeskriterium.

Og vi behøver ikke løse alle problemerne på en gang.
I morgen er der atter en dag.

ATTERDAG.

NØGENDAG. Vi satser på, at det er lunt i vejret. Og hvis man er en af dem, der sværger til bad kun en gang om ugen, er det også en fordel at have taget det værste med en hårdt opvredet klud. Hvis du er sådan, så bor du sikkert enten alene, eller sammen med din kraftigt lugtende troldefrikadellefamilie, og I har smørhår, gemmer fedtet på stegepanden og har hunde i sengen og masser af hår under armene. Jeg hylder jer, naturlige mennesker, dog på afstand, for jeg er sygeligt renlig, går i bad op til flere gange om dagen og er meget lugtfølsom. Alle andre: I bad: *Ren, tør mølle,* som sundhedsplejersken på Fyn sagde, da hun lærte mig at skifte en stofble på min datter. Altså, jeg har også hørt udtrykket *formøllen* om tissekonen. Og *fornumsen.* Og på svensk siger nogle mennesker *fremstjärten,* en *stjärt* er en hale. Altså *forhalen.* Jesus. Nå, men det var et kæmpe sidespring. Af med klunset. Gå nøgen rundt hele dagen. Det er sundt og dejligt. Pas på med at bukke dig ned, hvis du er mand og har en hund, især hvis du er et bad bagud. Det er for stor en fristelse for en sulten labrador lige at give dig et vådt slik mellem ballerne og strejfe dine nosser. Det dør hverken du eller hunden af, men det skal ikke blive en vane. Eller tag på nudistretreat i Grækenland, og gå frem og tilbage i vandkanten med andre nøgne. Ah! *Freie Körper Kultur,* som det hedder i Tyskland. Det er beroligende at være nøgen sammen med fremmede nøgne mennesker, hvis det sker frivilligt. Vær respektfuld, kig folk i øjnene, ikke lade blikket gå på vandring. Medmindre der er en, som har farvet kønshårene blå eller bundet en sløjfe om dingedongen. Så *skal* man kigge, alt andet er uhøfligt.

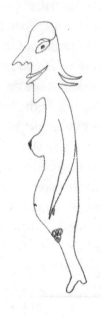

JOK I SPINATEN-DAG. Det er sådan en dag, hvor man kommer til at sende en mail, som var for en bestemt kollegas *eyes only*, og så røg den ud til hele kontoret. Også chefgangen. Og der stod ting i den mail. Grimme ting. Og klokken er kun lidt i ni, og man ved, at resten af dagen bliver en bjergetape af undskyldninger og forklaringer og en mulig fyring. Hvis man mod forventning er så heldig at få lov at beholde sit job mod at gå bodsgang med hatten i hånden til alle de kolleger, som er nævnt i mailen, ikke ved navn men ved øgenavn såsom En-meter-røven, Tandfeen, Lorte-Ulla og Gribben, så ved man udmærket, at den slags fornærmelser ikke er glemt før om minimum et år. Orker du det? Er det ikke bedre at sige op? Skide det hele et stykke, eventuelt bogstaveligt talt i chefens skrivebordsskuffe og tørre røv i gardinet, som en meget klog, desværre afdød, mand gjorde engang og derved vandt min udelte, aldrig svigtende, sympati.

SURMULEDAG. Du gider ikke svare. Så må folk lære at tænke selv. Om du vil have kaffe, spørger din søde mand, som altid er så provokerende morgenfrisk og sidder der og larmer med avisen. Hvad tror du selv, plejer folk ikke at have lyst til kaffe om morgenen? Eller er det en quiz? Du sukker højt, da han serverer en kop kaffe for dig, hvor der er hældt alt for meget kaffe i. Ved spaden ikke, at du skal have meget mælk i? MEGET. Børnekaffe, som er helt lysebrun, og det skal være sødmælk, og det har han ikke stillet frem på morgenbordet, fordi han kun tænker på sig selv. Og kan man måske slippe for at skulle høre morgenradio med de idioter, der sidder der og tror, de er sjove? Hvad er det for nogle latterlige kurser, radioværter bliver sendt på alle til hobe? Ping-pong-kursus?

Vært 1: *Og det var så dagens gode nyhed fra Det Hvide Hus, Majbritt, hvad har du til os fra det sorte hus, kunne man være fræk at spørge, ping?*

Vært 2: *Pong! Ja, det er ikke helt skævt at kalde det det sorte hus, det er i hvert fald omgivet af sorte skyer, og rigtig gættet, vi skal en tur omkring Finansministeriet, hvor bølgerne går højt, og vi venter på hvid røg fra skorstenen efter ugers hårde forhandlinger, ping!*

Når de spørger, om du vil have tre croissanter til samme pris i 7-Eleven, gider du ikke svare, for selvfølgelig vil du det. Idioter! Surmul dig igennem dagen. Du vil opleve et hav af modstand. Du vil blive glemt på invitationslister til bryllupper hos folk, du ellers regnede for nære venner. Pakker med tøj fra ASOS, du bestiller for at muntre dig selv op, og fordi du ikke har en skid tøj, vil ikke nå frem. Selvom de er sendt med GLS. Mennesker, dyr og gaver vil bypasse dig. Ingen kan holde sure mennesker ud, jo, det passer ikke helt. Nogle mænd tænder faktisk på at prøve at give sure kællinger orgasme, fordi de oplever det som en sejr, jævnfør *Blip-Båt* af Kim Larsen:

> Og falder tiden mig for lang,
> tænker jeg på Linda Friis.
> Ja, det er altså min veninde
> og hun er kold som en is.
> Men det at hun er kold det
> er lige det jeg ka' li'.
> Især når hun kommer med
> et lille mopset skrig.

Men det er en sang. Og den slags mænd hænger ikke på træerne. Det ville jeg ikke satse på. Hvis man er sur, plejer man at ende med at skulle sørge for sine egne orgasmer.

SIDSTE DAG. I dag er det heldigvis sidste dag af resten af din tid på denne her røv-arbejdsplads, eller det her idiotiske studie, som var det rene spild af tid. Eller af det her parforhold, eller hvad ved jeg. Glæd dig. I stedet for at tænke på, at du har spildt din tid, så glæder du dig inderligt over, at det er sidste dag. I morgen er du fri. Det er du faktisk allerede nu.

FRIDAG. I dag har du fri. Du kan gøre, lige hvad du vil inden for lovens rammer.

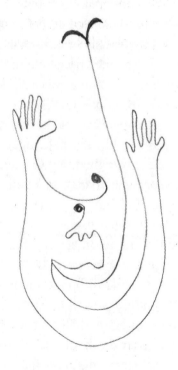

VIDUNDERDAG. I dag er en vidunderlig dag, og alt hvad dit øje falder på, fylder dig med ærbødighed over for Skaberværket. Det er knivskarpt og tydeligt for dig, skåret ud i pap, og der hænger nærmest ligninger oven over alting, så du kan se, hvor perfekt verden er konstrueret. I dag ved du helt ind i sjælen, at livet er en gave, og at det bare er om at sige tak og bukke og neje, når det kommer bragende imod os. Sommetider gør det ondt, strammer over skuldrene, eller kommer i en rædsom indpakning. Der er stadig ikke andet at gøre end at sige tak og pakke det op og skynde sig at smide papiret væk. I det hele taget, smid gavepapir ud. Ja ja, bæredygtighed, jeg ved det godt. Men det ligger der i skabene og fylder op, og du får det ikke brugt. Kan vi ikke aftale, at du venter med at begynde at gemme gavepapir, syltetøjsglas og små marmelader fra bakken med flymad, til du er over tres. Men så kan du nok heller ikke vente længere. Det kommer til os alle, behovet for at samle til bunke, sammen med hår på hagen, en ubændig trang til at fortælle de samme historier igen og igen og modvilje vedrørende tøj, der strammer i taljen, eller der hvor den tidligere sad. Til gengæld er vi meget mere modtagelige for undere og mirakler. Fordi vi ikke har små børn, som holder os vågne om natten og tager al vores energi. Vi skal heller ikke løbe forpustet rundt og stykke en karriere sammen af de forhåndenværende søm. Det må nogle andre bakse med. Vi voksne damer kan gå på bare tæer i græsset og lufte vores knyster sammen med hunden og kaste pind og glæde os over, hvilket vidunder vi er vidne til, mens heksevorten på næsen vokser. Og den er slet ikke så tosset, den vorte. Den er fuld af hemmelige heksekræfter, så pas på dernede, der kommer en rødbede.

MØDEDAG. I dag skal du til møde. Sorry. Jeg ved godt, det er røvsygt. Men der er mennesker her i verden, som er ansat til at indkalde til møder, som vi andre er tvunget til at gå til. De er ikke onde. Det er strukturen, den er gal med. Stem eventuelt på et parti, der vil forbyde folk over atten at gå til møder. Eller gå på landevejen, og bliv skærsliber, hvis du ikke orker. Hvis du vælger at være en del af samfundet, er der ingen vej udenom. Forslag: Gro langt hår, som skjuler dine trådløse høretelefoner. Lyt til en podcast med Sam Harris, eller hør noget gammelt Savage Rose imens. Der er altid nogen, som gerne vil have ordet på et møde, de opdager ikke, at du er åndeligt fraværende. Du kan læse mødereferatet bagefter. Eller lade være.

SYGEDAG. Du kan ikke slæbe dig ud af sengen. Det er helt o.k., at du bliver liggende. Du er faktisk syg. Der findes ikke noget mere træls end at blive smittet med influenza af en tapper kollega, som tror, han ikke kan undværes, så han går dødssyg på arbejde og lægger hele afdelingen ned. Det gør du ikke, du ved, at alle kan undværes. Alle. Heldigvis er der gode mennesker i dit liv, som kommer med suppe og ugeblade. Og du må bingewatche *The Handmaid's Tale* eller *Vikings*. Husk en feberfri dag i sengen.

MINDEDAG. Hvem har betydet noget for dig i dit liv? Din mormor, som lærte dig at strikke med fire pinde? Din gamle folkeskolelærer, som fik dig til at føle dig klog, selvom alle troede, du var lidt underfrankeret, fordi du mente, at ugedagene havde farver og nægtede at gå med overtøj fra marts til oktober? Alle de menne-sker, som har gjort dig til den, du er, mennesker, som ikke er her mere, i dag skal du sende dem en tanke og tænde et lys for dem i dit hjerte.

LØNNINGSDAG. Du har fået løn. Det er
dine penge. Du har betalt omkring halvdelen i skat. Nu
skal du ud og købe mad og tøj, der er lagt 25 procent
moms på, og så skal du betale din el-regning. Prøv at
studere den. Se hvad du betaler i afgifter, det er langt
det største beløb, el koster ikke særlig meget. Nu har
du ingen penge tilbage. Hvor er det godt, at du kan
få noget boligsikring eller anden hjælp fra kommunen.
Smaddersmart system. Hvor er Robin Hood, når man
har brug for ham?

MÆRKEDAG 2. Mærk verden i dag. Mærk efter. Hvordan har du det? Hvordan føles det? Du er og bliver det mest fintfølende apparat til at måle din egen tilstand og kvaliteten af dit liv. Føles det godt eller kradser det? Er du trist? Har du en knude i maven, keder du dig? Mærk efter i dag. Er der noget, der skal justeres? Ikke for at du skal blive en mere rentabel borger, men for at du kan få et bedre liv. For det er meningen, at du skal have det godt. Være glad og elsket. Mærk efter, og det er ikke det samme som at være selvoptaget og narcissistisk. Det er blot at tage sit liv her på jorden alvorligt. Uanset om du tror, du kun har ét liv, eller om du forventer flere, så skal det her være et godt liv. Mærk!

SMIL GENNEM TÅRER-DAG. Jamen det er noget værre noget det hele. Det har du ikke fortjent. Og det er fandeme rotteagtigt at spise morgenmad alene på sin fyrreårs fødselsdag. Og dem på arbejdet kunne godt have samlet ind til en blomst. Ikke en eneste sms-hilsen hele dagen. Det var nok ikke det, der stod øverst på ønskesedlen. For ikke at tale om at gå duknakket hjem og op ad trappen og hen ad svalegangen og låse sig ind i sin singlelejlighed og lede efter et reb, så man kan hænge sig selv fra en krog i loftet og få det ud af verden. Og så kommer man ud i køkkenet, og der står alle ens venner og kolleger og familie, klemt sammen med flag i hænderne, og råber *SURPRISE!* Og så var det, at man kom til at græde lidt og grine på en og samme tid. Livet er ikke det værste, man har, som Svante synger.

KØDDAG 2. Spis bacon, ummenum. Nå, du spiser ikke svin? Kalkunbacon er faktisk o.k., var på kalkunbacondiæt i foråret 2016 og tabte syv kilo. Eller plantebacon, hvis det ikke kan være anderledes, fordi du har fået en ny kæreste, som er vegetar, og du lige skal lande hende, før du springer ud som *fullblown* carnivor. Det er kompliceret med det kød. Vi er nødt til at forholde os til det. Have et beredskab, lige om lidt svarer kødspisning i nogle kredse til at ryge, gå i pels eller stemme borgerligt, så pas på. Tænk i det mindste over det, inden du sætter en culottesteg til livs. Er der en anden vej? Burde man selv slå dyret ihjel, eller i det mindste besøge en svinefarm, hvis man spiser konventionelt kød? Er vi ligesom tyskerne under krigen som *ikke vidste noget*, når deres jødiske naboer pludselig var "rejst" over hals og hoved uden deres ejendele. Er vi snart nogen, der må skynde os ud af vores kollektive fortrængning? Skal vi kræve glasruder i alle stalde og slagterier, så vi kan se, hvad der foregår? Insistere på dyrevenlig lovgivning? Afgift på kød for at adfærdsregulere? Men det vender den tunge ende nedad, som det hedder. Ja, men det gør alt. For den tunge ende vender nedad, det er noget med tyngdeloven.

MANDAG. Ja, det er mandag. En ny uge. Hvis du har festet massivt i weekenden, så glæd dig over, at du nu heldigvis bare skal på arbejde i stedet for at drikke øl på et brunt værtshus, eller shots på en mexibar eller tage stoffer på et diskotekstoilet for derefter at have ubeskyttet sex med en fyr, hvis navn du ikke kan huske, fordi du aldrig blev *properly introduced*, som det hedder på engelsk, som var det sprog, han talte, med en kraftig, ubestemmelig accent, så meget husker du dog. Tak mandag, fordi du endelig er her. Heldigvis. Ellers var du endt i hundene eller på Mændenes Hjem. Eller Majorgården. Men måske lever du i fast parforhold og har tre børn med den samme mand, hvilket ellers kun forekommer i overklassen og i familier med det, der hedder 'anden etnisk', og har været artig hele weekenden og slået græs, rettet stile, haft sex med din partner involverende over tre forskellige stillinger, kæmmet dine børn for lus og haft den pukkelryggede på besøg. Ja, så kan jeg godt se, at sådan en mandag kommer ubelejligt og er lidt af en udfordring. Men så må du huske at slappe af næste weekend. At komme hviledagen i hu. Giv ikke mandagen skylden, for den har intet gjort. Mandag er en god dag.

ALLEHELGENSAFTENSDAG. Det
er eftermiddagen før de dødes dag. Halloween. Klæd
dig ud som heks. Du kan eventuelt bare lade være med
at rede dig. Tvær ketchup rundt om munden, så det lig-
ner blod. Lav en halskæde af dukkeben og dukkearme,
og hvæs til de kære små piger og drenge, der ringer på
og råber *slik eller ballade* (håbløs oversættelse, hvem
har stået for den?), at du spiser børn under ti år til
aftensmad. Le en høj uhyggelig skoggerlatter, når de
løber ned ad havegangen. Der vil muligvis komme en
del forældrehenvendelser og måske en enkelt opring-
ning fra politiet. Men til gengæld slipper du for besøg
mange år frem.

NOVEMBER

ALLEHELGENSDAG. De dødes dag. Bevæg dig ikke ud i lokalområdet. Du er persona non grata på grund af det der i aftes. Børn er blevet så sarte efterhånden. Det er i øvrigt din egen fødselsdag, så gi'r hun nok en lille en. Femoghalvtreds flotte år. Alder er kun et tal. Nej, det passer ikke. Alder er så gammel, du er blevet, samt visdom, tryghed og integritet. Eller bitterhed, forfald og skuffelse. Vælg det første.

PEELINGDAG. Den går ikke længere med de overarme. Du har ladet stå til, og de er knubrede og føles som bark, og der er ingen, der har lyst til at røre ved dem. Ikke engang dig selv, og det er noget rod, når du skal hanke op i dig selv eller lægge armene over kors. Så i dag laver du en grød af salt og mandelolie og et dygtigt skvæt revet citronskal. Grøden kan stå og trække, mens du tager et varmt styrtebad, så porerne åbner sig. Og så masserer du de arme med cirkelbevægelser, indtil du ikke orker længere. Tag skinnebenene med, og lårene og nummi. Lav en pasta af blendet havregryn og honning og avocado, og massér dit trætte ansigt med den. I morgen vil din hud gløde, og din selvtillid være helt i top.

LYKKEDAG 2. Der er meget lykke at hente i dag. Du skal selv gøre en indsats, det skal man altid, men du vil berige andre mennesker i dag, og du vil selv føle stor glæde ved det. Smil og kast om dig med komplimenter. Køb en Lotto-kupon, giv den eventuelt væk. I dag er en lykkedag.

JAGTDAG. Nedlæg et eller andet eller en eller anden.

GÅRSDAG. For sent. Det var i går.

BILLIGDAG. *Dress slutty*. Må man sige det, eller er det pissestrengt og sexistisk? Nå, hul i det! Ikke noget med at spille kostbar i dag. Hvis nogen er i tvivl, råber du, *jeg er ikke billig, jeg er gratis!*

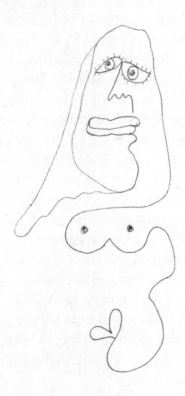

USPIRITUEL DAG. Du går ud og tænder for
bruseren og lader den løbe, så der bliver helt tildampet
i badeværelset. Det kan du godt lide, kombinationen
af damp og styrtebad. Du bliver stående i alt for lang
tid og vasker hår flere gange, lægger dig i fosterstilling
på gulvet og lader vandet plaske ned over din opløste
krop. Du falder i søvn og vågner 35 minutter senere og
går ud af badet. Du bruger et håndklæde til håret, et
andet til ansigtet og et stort badehåndklæde til krop-
pen. Du tager noget tøj på, som er syet i Bangladesh af
nogle mindreårige pigebørn, som aldrig kommer i sko-
le, men du ryster følelsen af dig og tænker, at det da er
bedre, de har noget at lave, så de kan bidrage til deres
families økonomi. Du tager et par sneakers på, som
du har købt brugt på eBay for 6800 kroner. Det er hele
dit økonomiske råderum i denne måned, men du måtte
eje dem. Du ved, at med de sko kan du erobre verden.
Du sms'er til din mor, lyver om, at du har mistet din
pung, og spørger om hun kan overføre et par tusind
på MobilePay. Der er ikke noget mad i køleskabet, så
du går på café og bestiller den store brunch, men nøjes
med at nippe til den, da der sætter sig en lækker fyr ved
bordet ved siden af. Han skal ikke se dig sidde og køre

ost og pølse ned, så du spiser kun frugten, selvom din mave knurrer, og brunchtallerkenen kostede 140 kroner af din mors hårdt tjente penge. Du er en uspirituel nar. I morgen er der heldigvis atter en dag.

ATTERDAG.

MURENS FALD-DAG. Få nogen, der var der, til at fortælle om det eller find noget på YouTube. Har ellers ingen anelse om, hvad vi skal i dag. Men et bud kunne være: Orienter dig om tysk politik. Det er relevant. Når det regner på Tyskland, drypper det på Danmark.

REGNSKABSDAG. Sæt dig ned og find ud af, hvad du har af indtægter og udgifter. Opdag, at du bruger et firecifret beløb om måneden på takeawaykaffe. Få et chok. Benægt. Hent en stor latte med dobbelt shot nede hos Starbucks eller hos Lagkagebageren, hvis du alligevel skal ind og have fem kanelgnufler for 245 kroner, det er jo onsdag, så der er tilbud. Gå hjem. Se på dit regnskab med friske øjne og kaffeånde. Erkend det med kaffen. Altså ikke ånden, men det med forbruget. Beslut dig for at skære ned, eller beslut dig for, at det er en glimrende måde at bruge dine penge på. Du kan også have fire sponsorbørn for det samme beløb. Det blander jeg mig ikke i. Lav et budget. Måske er der både råd til børn i Den Dominikanske Republik og kaffe, hvis du skærer ned på kanelgnuflerne. Måske.

414

KVINDERNES INTERNATIONALE RØDVINSDAG.

Inviter alle de kvinder du kender. Alle. Du behøver ikke kende dem godt. Kald det et netværksarrangement, hvis du er bange for, at folk synes, det er mærkeligt, du inviterer dem. Det er vigtigt, at der er helt forskellige kvinder fra alle ender af samfundet. Der skal en af hver med. Nå. Alt efter hvordan din økonomi er skruet sammen, siger du enten, at de skal tage en flaske rødvin med, eller at de bare skal troppe op tomhændede iført smart tøj og medbringende skiftesko, for der skal danses senere på aftenen. Ved du hvad, ved nærmere eftertanke, med mit kendskab til kvinder, er det nok meget godt, at de for en sikkerheds skyld alle sammen har en flaske rødvin under armen. Ellers bliver du ruineret, og du kan heller ikke slæbe al den vin. For kvinder i flok drikker som huller i jorden. Steg en masse kyllingelår. Eller dunser. Eller lav små sliders, hvis du gider. Du kan bede dem af damerne, som du ved, er mesterbagere, om at tage en flot kage med. Det må bare aldrig være et generelt påbud. Krav om bagning kan, som vi har været inde på i en anden bog, skabe utilpashed og livslede hos mange. Bed dem, der godt kan lide at optræde, eller som har noget på hjerte, om at forbedrede en tale eller en sang eller et digt omhandlende det at være kvinde i verden. Sæt i gang. Det bliver en herlig aften, nogle vil græde, men glemme det igen. En vil falde i søvn i badekarret. Nogle vil snave, som man gør, når man bliver fuld og lesbisk, og det må man endelig ikke prøve at forhindre. Nogle vil sammenligne skamlæbestørrelser ude på badeværelset. Nogle vil blive til næste dag og sidde med en rød Tuborg og prøve at knække deres tømmerkoner. Nogle vil blive skilt umiddelbart efter, fordi deres mand blev sur, da de kom hjem klokken syv, fordi de absolut skulle på morgenværtshus bagefter. Alt kan ske. Skynd dig at få sendt de invitationer af sted. Du kan gøre det på sms.

FØRSTE DAG. Ja, beklager, der er ingen vej
uden om en stor rungende banalitet: I dag er første dag
i resten af dit liv.

STILLEDAG. I dag skal du være stille. Når man er stille, kommer mange svar helt af sig selv.

STILLEDAG 2. Shhh.

STILLEDAG 3. Ti stille.

STILLEDAG 4. Stille, blev der sagt!

BEVIDSTHEDSDAG. Fremtiden er ikke noget, du skal gå og spekulere på. Men hver dag er det passende at mærke efter, om man går i den rigtige retning. Er man på vej mod glæde og kærlighed, eller pisker man af sted mod et eller andet udefinerbart, som ligger ude i fremtiden, og som handler om succes. Der er ikke noget, der hedder fremtiden. Når du når derhen, er den blevet til nu. Prøv at få tingene til at ske nu. Alt det, der gør dig glad, findes nu.

BRYN OG VIPPER-DAG. Dit ansigt er
flydt ud. Du må ned til Camilla og have farvet bryn
og vipper. Og måske have farvet bunden, for det ser
ud, som om nogen har tømt askeskuffen i dit hår. Den
anden bund skal måske også have en tur med noget
voks eller sukker. Sørg for, at der er noget hår tilbage
dernede, du er ikke et barn. Voksne damer har hår på
karamellen. Måske ikke hele karamellen, men meget af
den. Eller undskyld, du bestemmer naturligvis over din
egen karamel, hvis du godt kan lide et Hitleroverskæg,
så er det det, du kører med. Så kører jeg Marxskægget.
Namaste.

DØMMEDAG. Vi skal ikke dømme. Ikke fordi det står i Bibelen, for der står så meget vås rundtomkring i den bog, men fordi når vi dømmer andre, så dømmer vi os selv. Når vi automatisk måler og vejer og placerer andre mennesker i et hierarki, før vi overhovedet har mødt dem og kender lyden af deres stemme, så dømmer vi. At dømme skaber angst, skaber et miljø, hvor vi alle sammen hele tiden er til audition på livets store musical. Det er for udmattende. Jo før vi opgiver vores fordomme og fordømmelse desto bedre. Men det er ved gud det sværeste i verden. For hele vores samfund og kultur og opdragelse er lagt an på at sammenligne sig med andre og enten komme bedre eller dårligere ud af den sammenligning. At være lige gode er ikke godt nok. Men vi *er* lige gode. Vi er ikke lige gode til alt, og alle mennesker opfører sig af og til dumt og grusomt, nogle mennesker det meste af tiden. Nogle kan være svære at elske, og ikke alle er lige appetitlige og indbydende. Men vi er lige gode af den grund. Det er næsten ikke til at holde ud, eller til at fatte for den sags skyld, men det er ikke desto mindre rigtigt.

DAGLIGDAG. Det allerbedste, når alting spil-
ler med hente-bringe og pasta-kødsovs og tirs-tors-sex.
Trygt og godt, indtil det hele braser, og du står og ham-
rer på døren til dit liv og råber *luk mig ud!*

BLÅ DAG. I dag har du the Blues. Bonjour tris-
tesse. Goodmorning heartache. Måske har du været til
fest i går og drukket alt for mange cocktails. Så er der
en kemisk grund til din spleen. Du har skyllet al sero-
toninen ud af kroppen. Den kommer tilbage mandag,
senest tirsdag. Det er det, vi i firserne kaldte den ke-
miske depression. Du må endelig ikke tage det person-
ligt. Det er ikke fordi, du er begyndende depressiv. Du
har bare drukket for meget. Hvis du ikke orker at have
det sådan, så er der en nem løsning. Og den kender
du. Den hedder *non alcoholic*. Men måske er du rigtig
trist. Føler dig ensom? Har alle andre en kæreste eller
er gravide med deres tredje barn med en fyr, som de
mødte i 2.g., og du sidder der helt bredrøvet og uafhen-
tet som en ensom kuffert, der kører rundt på bagage-
båndet? Ja? Det er noget møg. Jeg er nødt til at have
lidt flere informationer, inden jeg rådgiver dig. Måske
har du prioriteret forkert i dit liv, det kender jeg alt til,
men det gider vi ikke tale om nu, hvor du er ked af det.
Nu vil jeg blot sige til dig, at al mad bliver spist og alle
piger gift. Nej, det vil jeg selvfølgelig ikke sige. Mage
til manglende empati. Men jeg vil sige, at du gerne må
spise pizza med ekstra ost, så længe du nyder den. Og

se en tåreperser med Hillary Swank om nogen, der dør, men hvor det alligevel ender godt. Og du må se dig i spejlet og suge kinderne ind og høre *Ain't no sunshine* med Bill Withers og tænke på, hvilken god kæreste du ville være for en skøn mand eller kvinde. Det er alt sammen sandt. Du har det perfekte potentiale, du skal bare selv tro på det. Men lad os tales ved i morgen, når du mener det. Når du er parat til at skabe ægte forandring i dit liv. Ikke nu, mens du er sentimental og bagstiv og selvmedlidende. Det skal du bare nyde, så længe du ved, at ingen af de følelser, du oplever nu, er virkelige. Du må gerne onanere dig i søvn.

AFSPADSERINGSDAG. Fantastisk opfindelse. Pas dit arbejde på DR, og pludselig får du besked om, at har du optjent yderligere seks ugers juleferie.

FORFALDSDAG. Betal de regninger, og gør det med glæde. Nå, men så gør det med uglæde, op til dig. Du kommer under alle omstændigheder til at betale dem. Du kan betale til tiden eller senere med rykkergebyr. *Sånt är livet*. Ja, jeg ved hvad jeg taler om. Har selv i perioder brugt det meste af min disponible formue på rykkergebyrer. Rykkergebyrer er penge, du kunne have brugt på farvning af bryn og vipper, noget til ungerne eller et fadderbarn i Malawi. Eller et kroophold med en sød. Prioriter.

UDMATTELSESDAG. Du er flad. Der er

ikke flere smøger at trække i den automat, som er dig. Ikke mere at hente. Dine hænder er tomme. Dit hjerte er tungt, og dine øjne er røde af stress og søvnmangel. Din hud er tør og øm, ligesom din hals, og dit spyt er salt af nedsvælgede tårer, som løber indenom. Det har ikke været din tur til at græde i umindelige tider, fordi du skulle trøste og lindre andres smerte. Det indvendige af dine kinder er flosset og arret af at bide tænderne sammen. Du kan ikke mere. DU KAN IKKE MERE. Kære ven, det er okay. Du skal lige huske at melde det ud, så folk ved det. Det glemmer man tit. Bare send en sms med ordene JEG KAN IKKE MERE og et hjerte. Sig det højt, og når du skal til at afbryde dig selv med *selvfølgelig kan du det* eller *tag dig sammen*, så stop dig selv. Du kan ikke mere. Så nu trækker du stikket og sætter mobilen på flightmode. Gå i seng eller i karbad. Aflys alle aftaler. Bed om hjælp, bed om at blive holdt om. Ikke noget med at spille tapper. Det er de tapre, som dør med støvlerne på. De standhaftige tinsoldater. Men du skal holde i mange år, og der er mange, som elsker dig. Så af med de standhaftige støvler. Giv slip, og tillad dig selv at være en lillebitte en, som skal tales

kærligt til og bades i omsorg og fodres med kys og ma-
kroner, til du er ladt op og på benene igen.

LÆSEDAG. Læs en bog. Den behøver ikke være god. Bag enhver dårlig bog står en god bog og venter på dig.

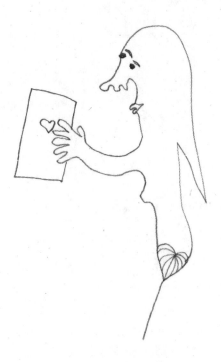

LÆSEDAG 2. Læs en god bog. Den behøver ikke være tyk og maskulin. Det skriver jeg, fordi jeg har opdaget, at mænd tit skriver vældig tykke bøger, og kvinder skriver tyndere bøger. Måske er det et tilfælde. Det er det nok ikke. Du kan læse en tynd feminin bog. De er mindst lige så gode.

LÆSEDAG 3. Gå i gang med en god, tyk bog. Eller en trilogi. Så er der til mange fornøjelige timer i den gode stol med kaffetår og kiks.

SORGDAG. Er det en frisk sorg? Lille ven, jeg føler med dig. Tillad den, lad den rulle, som faderen siger i *Kunsten at græde i kor*. Sorg skal ikke fortrænges, den må gennemleves. Eller er det en gammel ubearbejdet sorg, som aldrig fik lov til at gennemgå de nødvendige faser, fordi der ikke var tid, og du måtte tage dig af børnene, og alle hev og sled i dig eller havde det værre selv? Gå ind i dit lønkammer, og find den gamle kasse med fortrængte sorger, og pak forsigtigt sorgen ud. Læg den i din håndflade, og studér den. Stryg hen over den med fingrene. Er den glat som et glasskår, der har ligget i vandet i mange år, eller pigget som kapslen på en spisekastanje? Mærk den, træk vejret ind i den, lad den gennemstrømme dig. Hvis der kommer lyde eller hulk ud af din mund, er det glimrende. Lad tårerne flyde, og skyl sorgen ud. Pak den så ind i et broderet lommetørklæde, og gem den bagest i et skab med ting, du sjældent bruger, så du ikke støder på den i tide og utide. Som et minde. Ikke længere som en sorg.

BRYSTERNES DAG. Kig på bryster. Alle bliver glade af at se på bryster. Vi er alle blevet ammet, eller næsten alle, og at ligge med næsen begravet mellem et par bløde bryster, eventuelt med en brystvorte på læben, er en meget beroligende oplevelse for både mænd og kvinder. Men spørg først. Folk er blevet så sarte efterhånden.

TANDDAG. Bestil tid hos tandlægen, du har så meget tandsten, at dine 5+, 6+ og 7+ kindtænder er vokset sammen til én stor tand. Og vi *har* set, at du mangler en tand i højre overmund, selvom du holder hånden for munden, når du griner. Det er ikke godt at være kompromitteret på sin latter. Den skal have frit løb. Så nu får du styr på de tænder. Ja, det er røvdyrt, og ja, hvorfor er det gratis at gå til lægen, når det koster en milliard at gå til tandlægen? Det er noget med velfærdssamfundet, som er støbt i beton. Stem på nogle andre, hvis du vil have det lavet om. Nå, tilbage til de tænder. Børst dem. Derefter tandtråd, altså jeg kan personligt ikke døje at bruge tandtråd, jeg synes, det er ligesom at blive rørt på øjenæblet med sytråd, så jeg foretrækker de der tandstikkere, som ligner en lille flaskerenser, og man kan også bedre nærstudere sin fangst. OBS! Du må aldrig lugte til din tandtråd eller tandstikkeren bagefter. For så mister du selvtilliden. Har jeg læst.

DECEMBER

FORKÆLELSESDAG. I dag skal du for-kæle din kæreste. Få ham eller hende til at føle sig el-sket og udvalgt. Det skal du hver dag, men det glemmer vi desværre tit i kampens hede. Hvis man satser på at få sit parforhold til at vare så længe som muligt, så er der et råd, jeg har fået af min yndige, klarsynede nabo Eva, som desværre døde af kræft dagen efter juleaften, hvilket hun umiddelbart inden nøgternt betegnede som 'noget møg', og det lyder: *Man skal ønske hinanden det bedste.* Hvis du vil være en god kæreste, og det vil du, så ønsk din kæreste det bedste. Ikke det næst-bedste, men det bedste. *Hvad så med mig, skal jeg så have det næstbedste?* jamrer du. Nej, du skal såmænd ej. Din kæreste ønsker selvfølgelig også dig det bedste.

SANG TIL MIN ELSKEDE
Hvad skulle jeg dog gribe eller gøre i, hvis ej
jeg lå her ved din side,
som et skib ligger ved kaj.
Hvis ej du var her i min favn,
hvis ej vi to ku' gantes.
Jeg ville selvklart være død,
hvis du, min ven, ej fandtes.

440

For det er dig, der lyser for mig,
når jeg går i mørke.
Du vander mine blomster,
når jeg forårsager tørke.
Når alt er frosset i mit sind,
du tænder op og si'r kom ind.
Du kysser mine øjne
og rummer mine løgne.

Og selvom jeg bliver grim og tyk
og håret falder af.
Undtagen dem på hagen,
som bliver flere dag for dag.
Så si'r du, jeg er smuk,
og synes, jeg er feminin,
at jeg bliver bedre år for år
præcis som ædel vin.

Når vi to snart bliver gamle,
skal vi sidde på en bænk
helt tæt med hver sin stok
og se ud over Isefjorden.
Du er min allerbedste ven
i himlen og på jorden,
du er mit lys,
du zenner mig i zen.

STANDARDDAG. Prøv at holde standarden. Så løber det ikke helt af med dig. I bad hver dag. Børst tænder morgen og aften. Gå ned med skraldet. Vær god ved dine nære. Vær venlig over for fremmede. Pas dit arbejde. Pas dig selv, medmindre der er nogen, der rækker ud efter dig, eller du ser nogen blive forulempet, for så skal du blande dig. Klip først din hæk i august, ellers går det ud over fuglene, som ligger på rede. Få dine børn vaccineret. Meld afbud, hvis du ikke kan overholde en tid hos lægen eller på hospitalet. Der er andre, som har opdaget en knude i armhulen og af samme grund ikke har sovet i to nætter, der kunne have brugt den tid. Vis respekt over for offentligt ansatte. Ikke noget med at tro, at de er dine tjenere, fordi du har betalt skat. Til din oplysning giver langt de fleste af os underskud igennem et liv, og du er nok en af dem, så bare vis ydmyghed. Når der bliver åbnet en kasse til i supermarkedet, så er det dem foran dig i køen, der har forret. Ikke dig, som kommer nede bagfra, som ham den sportstrænede naturelsker med rygsæk og terrængående sko, som satte os alle sammen i går i Rema, med den enorme fart han skød, da han skulle foran. Jeg havde sådan lyst til at passe ham op ude på parkeringspladsen og spørge ind til hans livs-rutiner og politiske overbevisning, for han lignede en, der ellers ville strø om sig med ord som 'solidaritet' og 'løfte i flok'. Men han havde nok travlt. Han skulle skynde sig, for i morgen er det:

DOBBELTSTANDARD-DAG. I dag er
det hele meget nemmere, for i dag kan du køre med dobbeltstandard. Du kan give den som fed fyr i din forvaskede Che Guevara T-shirt og brokke dig over de asociale multinationale firmaers manglende skattebetaling, mens du kører juleferien til Thailand med hele familien over firmaet og får bygget en carport sort. Du kan både tale om kollektive løsninger og de bredeste skuldre og sætte dit barn i privatskole med ordene, *ja-men jeg var nødt til at melde min datter ud af folkeskolen, for der var for meget uro og tosprogethed, og hun er særligt sensitiv,* hvis blot du siger det med ærgrelse i stemmen. Og du må lave forældrekøb med en opgivende gestus, for det var den eneste måde, dine børn kunne få en lejlighed på, hvis bare du lover samtidig at synes, det er noget møg, at de rige er med til at presse priserne op i universitetsbyerne og lave boligboble. Og du må parkere på en handicapparkeringsplads, for det var jo bare lille nuttede dig, og du skulle jo bare ind efter en liter mælk i fem minutter. Og du må dele nedgørende, udskammende billeder og posts på Facebook, hvor nogen, du ikke kan lide, bliver svinet, for du er jo et godt menneske, og dem, du sviner, er onde, for det

har du bestemt sammen med dine gode venner. Men samme aften sidder du til forældremøde og taler om behovet for en mobbepolitik i din lille søns klasse, fordi han kommer grædende hjem flere gange om ugen, fordi hans stammen udløser massivt mobberi. Gør, hvad du føler, er det rigtige. Jeg ved bare fra mit eget lange liv, at der kommer en dag, hvor man opdager, at alt det hykleri, man sender ud i verden, rammer en selv lige i nakken.

ARBEJDSDAG 2. Det er godt at arbejde, le-diggang er roden til alt ondt. Måske ikke alt ondt, men til megen uro i hvert fald.

I Danmark er vi endnu ikke helt enige om, hvorvidt det er synd for dem, der arbejder, eller dem, der ikke arbejder. Men jeg ved personligt, at de perioder, hvor jeg ikke har haft et arbejde, har jeg haft det elendigt. Jeg kan sagtens fylde min dag ud i en kortere periode med at læse og se ud ad vinduet, men det betyder uendeligt meget for mig, at der er brug for mig, at bidrage. Min svigerfar Niels har siden han var dreng arbejdet på landet i Vestjylland. Når han luger et bed, så stopper han efter en time, for at holde en lille bitte pause og drikke en tår vand, og så ser han med stolthed ud over bedet, og udbryder *ah, det war nøj dejlig arbe! Arbe* betyder arbejde på vestjysk. Nøj dejlig arbe er, når man tydeligt kan se forskel på, hvor man har været over sine ting. At vaske en bil eller stryge en skjorte, som min svigermor Grethe er ekspert i, er også nøj dejlig arbe. Der er selvfølgelig også nøj dårlig arbe. Hvis det er svært at forklare, hvad man præcis laver i en eller anden offentlig styrelse, fordi man heller ikke selv ved det, så er det ikke nøj dejlig arbe. Men der er ikke noget, der hedder skod-arbe. Selvom det

446

kan føles sådan, når man er ung og ikke gider stå op og gøre rent på en skole klokken 04 om morgenen. Det kan jeg huske fra egen ungdom. Men jer, der gør rent på hospitalerne, skal hyldes med tre korte og så det lange. Uden jeres arbe var vi alle sammen hvirvlet ind i streptokokker og stafylokokker og gonokokker. Kokker generelt. Vi gør honnør!

FORÆLDREDAG 2. Du er heldig, du har
stadig dine forældre. Måske er de ved at blive gam-
le. Se på dem. Deres plettede hænder, deres rindende
øjne. Tilgiv dem, og gør, hvad du kan for dem. De har
gjort det så godt, de kunne. De har ofret meget for, at
du og dine søskende kunne få en god barndom, selvom
du ikke synes, den barndom var noget at skrive hjem
om. Prøv at lade være med at blive irriteret, når din far
siger *hva'?* hele tiden, fordi han har forlagt sit høreap-
parat. Eller når din mor fortaber sig i snak om sygdom,
en bestemt ost eller hvad en eller anden, som hedder
Else, har sagt. Gå ud på toilettet og bid dig i knoerne,
og sjask koldt vand i ansigtet og på håndleddene. Kom
ind i stuen med et stort smil, slå ud med armene, og råb
splitte mine bramsejl, hvor jeg dog elsker jer! Du bliver
selv dine børns gamle vrøvlemor.

MALEDAG. Hvis du kan, så mal et overdådigt billede. Ellers mal paneler og dørkarme. De trænger altid.

TVIVLEDAG.

SANG OM TVIVLEN

Det er en hvisken i mit blod en lokken og en sang,
der lover mig alt det, jeg syn's, jeg faktisk har fortjent:
Berømmelse og magt og tøj og hår, der sidder pænt,
og ros og smiger hele dagen lang.

Og folk, der ringer fra tv og spø'r mig,
hvad jeg mener,
om krig og fred og velfærd og den sidste ny reform.
Jeg overvejer, svarer og min viden er enorm,
og alle syn's, jeg er et fund, en højtbegavet ener.

Og når det skal besluttes,
hvad er ret, og hvad er vrang,
så kommer alle trygt til mig, som tænker ud af boksen,
Jeg tør at tage de svære valg,
dem, der skal ta's med tang,
og børnene de elsker mig, skønt jeg er stor og voksen.

Og folk syn's jeg er sjov og pæn og *så* flot af min alder,
og skarp og fræk og møguartig med samt generøs.
Og mænd og kvinder flirter voldsomt,
syn's jeg er en tøs
med flotte ben og meget stramme baller.

Og alle synes, jeg er herligt sjov og fuld af skæg
og griner højt af mine vittigheder,
Og syn's min mad er god især min salsa med rødbeder.
Der hænger fanpost på min stuevæg.

Men når jeg går til ro, så kommer tvivlen på besøg.
Syn's alle, jeg er latterlig og griner bag min ryg?
Jeg ser mig som en elefant, men jeg er kun en myg.
Jeg tror, jeg flytter til en øde ø.

PJÆKKEDAG 3. Det kan du glemme alt om, din døgenigt. Få den finger ud. Eller tag en feriedag. Vi pjækker ikke mere end en dag om året her i huset.

HALVDAG. Kun relevant, hvis du er kvinde og offentligt ansat. Alle andre arbejder hele dagen.

GOD DAG. Ting skifter hænder. Noget falder i hak. Smil udveksles. Sådan er det, når du er i flow, du handler intuitivt, og kommunikation forløber let og ubesværet. Det kører, alt spiller, alting lykkes, og pludselig er det aften. Dagen er fløjet af sted. Det gør de gode dage.

SAMARITANERDAG. Nu tager du ud og
læser op på et plejehjem. Eller du køber en masse ga-
ver og afleverer dem hos Mødrehjælpen. Og du køber
geder i Folkekirkens Nødhjælp, som ingen behøver at
blive blandet ind i. Ingen børn i Danmark bliver glade
for at vide, at nogen andre har fået en ged. De lader
bare som om.

KRÆNKELSESDAG. Er afskaffet pr. 1. december.

HÆVNENS DAG. Er der en, der går rundt
derude, der har krænket dig? En, som har gjort dig
forbitret og ulykkelig. Når du tænker på ham, begyn-
der halspulsåren at dunke. Du har ikke tal på alle de
tortur- og ydmygelsesscenarier, du har gennemspillet i
din indre biograf med ham som Mads Mikkelsen og
dig som Rihanna. Overskrifter, du har set for dit indre
blik, hvor hans navn bliver trukket gennem sølet, og
han kommer til dig for at bede om hjælp, og du smiler
blidt og træder ham i ansigtet med dine Louboutiner,
trækker trussen til side og pisser ham i fjæset. Hjalp
det på hævntørsten? Nej vel? Nu skal du høre, hvad
der hjælper, selvom du er ved at brække dig ved tan-
ken. Du sætter dig i tankerne for fødderne af ophavs-
manden til dine tårer, smøger hans bukseben op og ta-
ger hans sokker af, placerer hans fødder i en balje med
dejlig varmt vand med sandeltræsolie i og vasker dem
med blide bevægelser. Måske drypper dine tårer ned
på hans fødder og blander sig med vandet. Du vasker
hans fødder med dine tårer. Så lægger du hans fødder i
dit skød og tørrer dem med dit hår. Du smører dem ind
i en velduftende salve og giver ham strømper og sko på
igen. I taler ikke sammen imens. Når du møder ham

næste gang, vil du opdage, at vreden er skrumpet ind til en lille tør hudflig, som du kan fjerne med en negl. Måske møder du ham aldrig mere, men du vil aldrig skænke ham en tanke.

MIRAKELDAG 4. Du mødte ham, din Beelzebub. Ham, der prøvede at knuse dig. Og din puls steg ikke. Du fik ikke varmt vand i munden. Dine hænder knyttedes ikke. I udvekslede nogle almindeligheder, og det var det. Free at last, free at last, thank God almighty, I'm free at last!

FEMINISTISK BANDEDAG. I dag

må der bandes og forbandes af karsken bælg. Ud med al den opsparede vrede, man som kvinde akkumulerer gennem sit liv. Nu sender vi den tilbage og rammer dem lige i bærret, eller nej, sigt efter skridtet! SATAN OG HELVEDE! JÄVLA NOSSERØVE. MAGE TIL STUPIDE RØVHULSHULLER OG LORTESPADER! UNDERFRANKEREDE, MINDREBEMIDLEDE PIKANSJOSER. FUCKING LORTESVIN, SOM ØDELÆGGER VORES LIV MED JERES SEXISTISKE PATRIARKALSKE BULLSHIT. MEN NU KOMMER VI OG STYRTER JER FRA TRONEN, FLÅR JER UD AF HJØRNEKONTORERNE, AF BESTYRELSERNE OG NED FRA TINDERNE, I KAN GÅ PÅ TINDER, KA' I, NEJ, GU' KA' I RØV, KNEP EN RÅ LEVER I STEDET MED JERES SMÅ KROGEDE DENGSEPIKKE OG SCROTUMS FYLDT MED RÅDDENT BLOMSTERVAND. NU KOMMER VI OG TAGER JER OG HOLDER JER I EN SKRUESTIK, MENS VI SKIFTES TIL LYSTIGT AT CUNT-SLAPPE JER PÅ JERES HVIDE DEJ-FEDE KINDER, SMÅ, LEDE, KLAMME, SPERMENDE HOMUNCULI. JERES TID ER ENDEGYLDIGT FORBI. I HAVDE CHANCEN,

MEN I FUCKEDE UP BIG TIME, SE PÅ DEN LOR-
TEVERDEN, I EFTERLADER, RYD OP EFTER JER,
JERES MOR ER HER IKKE! NU ER DET VORES
TUR! MAKE WAY FOR THE BEAUTIFUL MO-
THERFUCKERS!

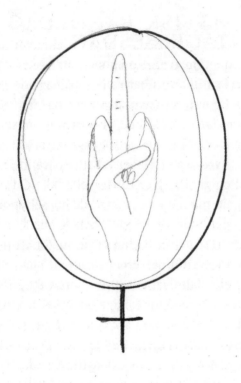

OVERTAGELSESDAG. Du overtager no-
get. Eventuelt magten. Roseanne Barr elsker jeg, uan-
set at hun i sin skævert har kaldt Obamas tidligere råd-
giver Valerie Jett, som garanteret er smaddersød og for
længst har tilgivet Roseanne, et barn af Islamisk Stat og
Abernes planet. Som om det i øvrigt var noget, så skul-
le I høre, hvad jeg er blevet kaldt! Roseanne har sagt
undskyld og grædt og er selvfølgelig ikke det mindste
racist, og nu må det stoppe med de heksebrændinger!
Brænd noget andet. Eventuelt hele lortet. Nå, tilbage
på sporet. Der går en vidunderlig historie om Rose-
anne, som jeg altid har lunet mig ved, når jeg havde
dårlige chefer. Hun var ansat på et produktionsselskab
og var utilfreds med forskellige uduelige producere og
mellemledertyper, så hun gik rundt og pegede på folk
og sagde, *når jeg overtager det her selskab, så bliver du
fyret og dig og dig og dig og* ... Sagde lige ud til de dum-
me, at de kunne forberede sig på at pakke deres skrive-
bord, når hun kom til. Og så overtog hun fandeme hele
balladen og fyrede de dumme og ansatte nogle søde.
Måske er det en skrøne. Pyt med det. Den er god at
varme sig ved, når man er faldet i kløerne på de gustne

chefer. De skumle magtmennesker. Dem, der ikke var i skole, da der blev undervist i empati. Mænd såvel som kvinder, for det er et af de områder med fuldkommen ligeberettigelse. Oppe i toppen er kønnet transcenderet. Der er mange med personlighedsforstyrrelser. Det er sådan, de kom derop. Overtag hele dynen, og smid dem ud! Og husk, hvordan det var, før du kom derop, så du ikke selv ender med at blive gakkelak.

SANDHEDSDAG. Men så kan de bare lade være med at servere snaps, hvis man ikke må synge en sang, som man digter, mens man synger den, hvor man med vid, i hvert fald i egen optik, og bid og en tunge, der slår knuder, får *Borte med blæsten* til at rime på 'Lorte-gesjæften'. Hvis det skal være på den måde, må de lave julefrokostkonceptet om. Og så er det ikke sikkert, man ville dukke op til den slags arrangementer uden at kræve løn for det.

PYTDAG 2. Pyt med det.

GLØGGDAG. Altså, det er frivilligt, og jeg vil nødig anbefale dig at drikke mere, end du allerede gør i denne måned, men en veltillavet gløgg er altså god at hygge sig med, når det piber om ørerne med julestress og gaveræs og folks hjemmebag på Instagram. *Tag et langt papir-tefilter, og fyld nelliker, kanelstænger, kardemommefrø, stjerneanis og lidt øko-appelsinskal i. Slå en knude på det, og kog i en halv time med en liter vand i en gryde. Hæld alt mulig vin i: Noget rødvin, som ikke er for dyrt, eller det må du selv om. Noget, du har fået i gave. Låg på, det må ikke koge. Du har i går lagt rosiner i en skål og overhældt dem med rom, snaps, portvin, eller hvad du har af sprut. Dem hælder du i gløggen sammen med en masse hakkede mandler, som du har smuttet og hakket, smag til med brunt sukker eller hvidt eller honning.*

Server med ... nej, det er lige meget med noget til. Rosinerne og mandlerne mætter, og du bliver efter to glas så tipsy, at du er ligeglad med mad. Husk at hente børnene i SFO-en.

MØRKEDAG. Nogle mennesker lever et helt liv i mørke med smerter på krop og sjæl. Men det er ikke det, der er meningen med os. Vi er skabt i kærlighed og lys, så vi bedre kan se. Os selv og hinanden og hele skaberværket, som vi er forbundet med. Mørket er et vilkår, for sommetider famler vi rundt og kan ikke finde hjem. I sjælens mørke nat er der ikke andet at gøre end at gennemleve smerten alene. Hav respekt for mørket, men dyrk det ikke på skrømt. Da jeg var ung, var det smart at være deprimeret. Der blev flirtet meget med fordærvet. Men det er ikke uden omkostninger. Gå ikke ind i mørket, hvis der ikke er en tvingende grund til det, for det kan være ligesom kviksand, og hvis du gør, så gør det, du skal derinde, og skynd dig ud igen.

LYSDAG. Lyset overvinder mørket. Sommetider kan vi ikke se det. Men det er der altid. Vi kan heller ikke altid se solen, hvis det er overskyet, eller hvis det er nat. Men den er der altid. Jeg ved, der er delte meninger om princippet på samme måde, som der er delte meninger om, hvorvidt alt ender godt, hvis det ikke er godt, er det ikke endt endnu, for der er også en tese, der lyder, alt ender dårligt, hvorfor skulle det ellers ende? De to teser er nok selve forskellen på optimisme og pessimisme.

Måske er du født pessimist, hvis det kan medfødes, og så vil jeg råde dig til at omgive dig med andre pessimister. Sammen kan I give hinanden ret i, at det er for sent, og verden er af lave, og at der intet er at stille op. Find sammen indbyrdes, det er nemlig bundtarveligt at gifte dig med en optimist. Optimister er i forvejen på hårdt arbejde hele tiden, fordi det er et valg, man har truffet at insistere på, at det nok skal gå, når man står i lort og glasskår til øjenbrynene, så hvis man oven i hatten solo skal stå for den gode stemning i eget parforhold, mens man bliver modarbejdet af sin partner, kan det blive noget af et sisyfosarbejde, se Sisyfosdag.

REFLEKSIONSDAG. Hvem er vi overhovedet og hvorfor holder vi jul der er jo alligevel ingen der tror på Gud og er det ikke bare pengebytteri og stress og forbrug og dine/mine/vores børn der skriger og to juleaftener fordi de voksne ikke vil give afkald på at holde jul med deres egne børn og ingen vil give sig og ordet 'behovsudsættelse' er en by i Ukraine og det koster en bondegård og jeg orker ikke alle din families bizarre juletraditioner skal vi ikke rejse væk fra det hele eller kan vi ikke bare spise noget sushi?

Godt, så fik vi det på plads.

LILLEJULEAFTENSDAG. Der skal

snittes røvkål, som det bliver nødt til at hedde, fordi det er så røvirriterende at stå med. Den smager bedst, hvis den er lavet dagen før. Du kan gå og pimpe gløgg imens. Så på med forklædet, så du ikke får pletter på din badekåbe, som om man kunne se forskel. *Snit rødkål hurtigt, lyt til Nat King Cole imens, så går det nemmere. Steg det i smør og noget ande- eller gåsefedt, som din tjekkede veninde har købt i London, smid nogle tørrede økoabrikoser, som du har blendet, og lidt nelliker i gryden, hæld ribssaft over, og lad det simre, til det er mørt.* Tjek.

JULEAFTENSDAG. Sørg for at iføre dig
mildhed fra morgenstunden, du får brug for det. Du
behøver ikke at tænke i dag. Du skal have noget fra
hånden. I bliver 11, og der skal steges ænder og ekstra
andelår til børnene og en ribbenssteg og en flæskesteg
samt noget vegetar-noget. Du er en maskine: *Rens æn-
derne. Salt og peber indvendig og udvendig, fyld med
æbler og svesker, luk med kødnål.* Tjek. *Ribbenssteg
og flæskesteg, salt og peber over det hele, pres laurbær-
blade ned mellem sværen.* Tjek. *Ind i ovnen og gynge
på 120 grader resten af dagen, lige inden I spiser, gi-
ver du dem grill, mens du nidkært monitorerer sværens
udvikling gennem glasruden.* Kan ikke overlades til
andre, slet ikke nogen, man er gift med eller har været
gift med. For en branket svær kan, som en af de få ting
i livet, ikke slås hen med et pyt. Det svarer til, at ens
mand scorer jordemoderen, mens man har en presse-
ve. Dine gæster har risalamande og brune kartofler
med, så du *forkoger og piller nogle aspargeskartofler.
Så kan de få en tur i kogende vand lige inden, I skal
spise.* Tjek.

PAUSE

471

Forskellige mennesker i din familie og andres familie vil gøre ting forkert i dag, nogle vil medbringe den falske risalamande, lavet med vanillesukker i stedet for de bourbonvanillestænger du har købt for 90 kroner stykket. Nogle vil hælde maizenamel i sovsen og alt for meget kulør, så den bliver lige så sort som dine skinneben i sommer. Nogle vil have købt gryder til dig i julegave. Børn vil hænge hjemmelavet julepynt i køresygefarver på dit smukke juletræ med minimalistisk tema. Det er alt sammen fuldstændig ligegyldigt. Kig på dit pyt-armbånd. Smil og råb *NAMASTE*. Vi er alle sammen bare nogle små bange julenisser. Lad julefreden sænke sig. Gaver kan byttes, og du har en familie. Du er en heldig julegris.

PREMIEREDAG. Har du gjort dig umage? Taget af hovedstolen? Så giv slip, og nyd det. Tag en fin kjole på, og mal dine øjne og læber. Eller lad være. Et usminket ansigt har også en høj troværdighed. Husk, at lige meget hvad de synes, dem med slængkapperne og monoklerne og en røv, der aldrig var i klaskehøjde, fordi den var mast ned i den samme stol i årevis på det kontor, hvor man intet selv har på spil (puha, det lettede), så har du været modig og lagt et stykke af dit hjerte på huggeblokken. Og du skal være stolt af dig selv. Kritik skal du nok få masser af. Men du behøver ikke lytte til dem, der er perfide. Perfid har aldrig gjort noget godt for verden. Men find nogle kloge, indsigtsfulde mennesker med høj integritet, du behøver ikke dele smag med dem, og tving dem til at være ærlige over for dig. Bliv endelig ikke sur, hvis de ikke er begejstrede for dit værk. Måske har de ret i nogle af deres betragtninger. Det er igennem vores fejl, at vi udvikler os, som mennesker og som kunstnere. Ve den, der aldrig begår fejl.

FAMILIEDAG. Se på dem. De gør det, så godt de kan. Præcis som du.

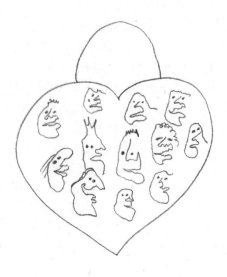

VEJEDAG. I dag må du en tur på vægten. Du har slået din egen rekord, 4,7 kilo på under en uge. Det meste i ansigtet.

BYTTEDAG. Du må ind til byen og bytte dine julegaver, medmindre du er snarrådig og gemmer dem i gaveskuffen og giver dem til nogen andre næste år. Ingen vil opdage det. Hvis du er heldig, er udsalget startet, og du kan få dobbelt så meget af noget, du ikke har brug for. Alternativt kan du købe geder for pengene, eller sende dem til Mødrehjælpen. Du behøver ikke fortælle det til nogen.

BRASE SAMMEN-DAG. Det er en helt naturlig reaktion at julebrase. Bare bras. Luk din bh op, og åbn alle knapper og lynlåse. Læg dig på gulvet med hunden. Folk må skræve hen over dig, hvis de absolut skal denne vej. Folk må lave deres egen mad, de kan brase (hø!) nogle kartofler sammen med resten af medisterpølsen og besvare deres egne spørgsmål i dag. Du har intet mere at bidrage med. Dine pølsefingre er opsvulmede af mandelsmutning og gaveindpakning. Kun skriftlige henvendelser besvares. Gerne med Post-Nord.

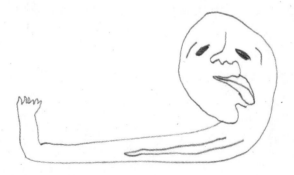

SÅRSKORPEDAG. Det har ikke været et af de år, der ender i glemmebogen. Og dog, for alting ender der, og om tohundrede år kan ingen huske noget om, hvad der skete i år, og man selv har efter adskillige inkarnationer endelig gjort sig fortjent til at blive genfødt som et træ eller en rødkælk. Og det er lige som det skal være. Når du kigger ned ad dine ben, er der stadig skorper på knæene efter alle de grimme styrt, du har foretaget i løbet af året. I løbet af livet. Men de falder af, du kan smide dem ud til hønsene, de holder meget af sårskorper. Og du er ikke blevet nævneværdigt stærkere, selvom man siger, at modgang gør stærk, men det bliver du pø om pø. Tag plaster på de knæ, og køb nogle smarte Wolfordstrømper, så bliver det så fint, så fint.

NYTÅRSAFTENSDAG. Måske er I alene i aften jer tre, du og din elskede og jeres nyfødte barn. Måske skal du til fest i fin kjole med slæb og tiara. Måske er I nogle venner fra efterskolen, som laver sammenskudsgilde. Måske falder du i søvn på badeværelsesgulvet inden tolv og går glip af fyrværkeriet. Pyt. Der kommer andre nytårsaftener, og du skal nok komme til at opleve alt det fyrværkeri, du ønsker i dit liv. Husk sikkerhedsbriller, for du skal bruge dine øjne til at se med. Der er nemlig meget, der venter dig. Smukke smil. Skove og bjerge. Hunde og katte og dejlige børn. Din elskedes ansigt på perronen, når du kommer hjem fra en rejse. Og du skal se på dig selv og prøve at se forbi det udenpå, forfaldet, som rammer os alle. Det betyder ikke noget. Vi er bare nogle sjæle, som har fået en krop på. Det gør intet, at den på et tidspunkt mørner og skrider lidt i sømmene. Glæd dig til næste år, men glæd dig især lige nu. Lige præcis nu, hvor du er en sjæl lige her midt i evigheden. Alt er godt, alt er nu. Og ja, der kommer andre dage. Onde dage, triste dage, smertedage og mørke sjæledage. Men i dag er en vidunderlig dag.

Og i morgen er der atter en dag og atter et år.

En kærlig tak til:
Min dejlige redaktør Leila
Min bedste ven prins Troels
Min elskede datter Olivia
Min kærlighedsmand Snit

INDEKS

A

Afkrævelsesdag 314

Aflysningsdag 279

Afregningsdag 320

Afrejsedag 249

Afsløringsdag 28

Afspadseringsdag 428

Allehelgensaftensdag 400

Allehelgensdag 404

Alvorsdag 332

Amoralsk dag 139

Ankomstdag 250

Aprilsnarsdag 116

Arbejdsdag 159

Arbejdsdag 2 446

Atterdag 36, 62, 70, 85, 366, 382, 412

B

Bagedag 300

Bagfrasdag 379

Bangedag 198

Bangedag 2 205

Bankdag 96

Barndomsdag 63

Barnets anden sygedag 354

Barnets første sygedag 350

Befrielsesdag 103

Bevidsthedsdag 422

Bidragsdag 171

Billigdag 409

Billigt sluppet-dag 380

Bitterdag 51

Blixen-dag 135

Blomsterdag 202

Blå dag 426

Brase sammen-dag 477

Brilledag 165

Bryllupsdag 246

Bryn og vipper-dag 423

Brysternes dag 436

Budgetdag 209

Bulimidag	281	**E**	
Byttedag	476	Eksamensdag	220
Børnehjælpsdag	112	En til kanden-dag	312
		En ting ad gangen-dag	315
C		Engledag	309
Cremedag	45	Erindringsdag	233
Cremedag 2	46	Erkendelsesdag	44
		Erotisk dag	188
D		Evighedsdag	275
Dagligdag	425		
Dansedag	259	**F**	
D-dag	207	Falde i staver-dag	122
De andres skyld-dag	17	Familiedag	474
Dejlig dag	289	Fars dag	206
Den store badedag	65	Fastedag	72
Detox-dag	38	Feje for egen dør-dag	34
Dies irae	348	Fejedag	33
Dobbeltstandard-dag	444	Feministisk bandedag	460
Dommedag	117	Feriedag	255
Doven dag	229	Festdag	123
Drømmedag	327	Festdag 2	235
Dum dag	278	Firserdag	286
Dvæledag	86	Fladt baghoved-dag	57
Dybvandsdag	335	Flagdag	154
Dødsdag	303	Flirtedag	210
Dødsdag 2	304	Flyttedag	153
Dømmedag	424	Foddag	197
		Forandringsdag	352
		Forbudsdag	298

486

Forfaldsdag	429	Grød-dag	12
Forfrasdag	378	Gråvejrsdag	234
Forhandlingsdag	212	Guds dag	340
Forhudsdag	299	Gøglerdag	145
Forkælelsesdag	440	Gårsdag	408
Fortryllelsesdag	49		
Fortvivlelsesdag	69	**H**	
Forældredag	310	Haikudag	29
Forældredag 2	448	Halvdag	453
Fraværsdag	274	Havedag	151
Fridag	389	Helbredelsesdag	338
Frihedsdag	25	Helligtrekongersdag	16
Fryd på dåse-dag	146	Himmeldag	195
Fuld og lesbisk-dag	241	Hjemmedag	24
Fyrreårs fødselsdag	260	Hjertedag	119
Fødselsdag	305	Hundedag	292
Første dag	417	Hverdag	230
		Hvidvinsdag	273
G		Hviledag	248
Gammel flamme-dag	140	Hævnens dag	457
Gavedag	329	Hårdag, dårlig	54
Gavedag 2	372	Hårdag, god	53
Genforeningsdag	217		
Giv afkald-dag	203	**I**	
Giv slip-dag	71	Idrætsdag	108
Gløggdag	466	Indebrændt-dag	147
God dag	454	Indianerdag	192
Grundlovsdag	206	Ingentingsdag	95
Grænsedag	271	Inkonsekvensdag	345

Inkontinensdag 346

Inspirationsdag 132

IT-dag 297

J

Ja-dag 267

Jagtdag 407

Jamen-dag 283

Jamen, jamen, ikke
noget jamen-dag 285

Jazzdag 136

Jok i spinaten-dag 385

Juleaftensdag 471

Jørgen Leth-dag 216

K

Kampdag 87

Karensdag 290

Kattedag 295

Kedsomhedsdag 15

Kiggedag 97

Klarhedsdag 251

Klæd-ud-dag 73

Konfirmationsdag 174

Konfliktdag 68

Konsekvensdag 343

Krammedag 257

Kropsdag 6

Krænkelsesdag 456

Kursusdag 221

Kvindernes internationale
rødvinsdag 415

Kyssedag 325

Kærlighedsdag 160

Køddag 222

Køddag 2 398

L

Langsomhedsdag 67

Latterdag 47

Latterdag 2 194

Ledighedsdag 109

Leverdag 124

Liggedag 244

Lillejuleaftensdag 470

Lortedag 375

Luksusdag 208

Lykkedag 238

Lykkedag 2 406

Lysdag 468

Lyttedag 98

Læggedag 245

Læsedag 432

Læsedag 2 433

Læsedag 3 434

Lønforhandlingsdag 308

Lønningsdag 395

M

Maddag	107
Maddag 2	328
Magisk dag	256
Maksimalistisk dag	364
Maledag	449
Mandag	399
Manuel dag	127
Marie Antoinette-dag	214
Markedsdag	302
Medfølelsesdag	186
Midsommerdag	224
Mildhedsdag	347
Mindedag	394
Minimalistisk dag	363
Mirakeldag	20
Mirakeldag 2	149
Mirakeldag 3	370
Mirakeldag 4	459
Misundelsesdag	89
Modstandsdag	334
Moralsk dag	137
Morgendag	30
Mors dag	175
Multitaskingdag	316
Murens fald-dag	413
Muskeldag	337
Mærkedag	377
Mærkedag 2	396

Mødedag	392
Mørkedag	467
Mådeholdsdag	128

N

Nationaldag	180
Navnedag	118
Neglebiderdag	94
Negledag	93
Nej-dag	265
Nytårsaftensdag	479
Nærværsdag	263
Nøgendag	383
Nørdedag	26

O

Offerdag	269
Ole Madsens dag	40
Omsorgsdag	60
Omvendtsdag	358
Ondt i ryggen-dag	262
Opløsningsdag	333
Oprydningsdag	22
Opstandelsesdag	134
Ordsprogenes dag	82
Ostedag	125
Overlevelsesdag	84
Overtagelsesdag	462

P

Peelingdag	405
Pelsdag	369
Pengedag	355
Pengedag 2	357
Pippi-dag	31
Pjattedag	324
Pjækkedag	330
Pjækkedag 2	336
Pjækkedag 3	452
Poetisk dag	184
Politisk dag	367
Premieredag	473
Prikkedag	150
Profitdag	268
Pytdag	106
Pytdag 2	465

R

Rasmus modsat-dag	92
Refleksionsdag	469
Regnskabets dag	322
Regnskabsdag	414
Regnvejrsdag	213
Regnvejrsdag 2	313
Restedag	185
Rosedag	50
Rosedag 2	326
Rytmisk dag	204

S

Samaritanerdag	455
Sandhedsdag	464
Sankthansdag	226
Savnedag	307
Selvkærlighedsdag	9
Septemberdag	321
Sidste dag	388
Sisyfosdag	48
Sjælens dag	110
Skeen i den anden hånd-dag	27
Skiftedag	158
Skoledag	296
Skrivedag	182
Skud ud-dag	77
Skæringsdag	133
Sladderdag	287
Slettedag	288
Slikdag	74
Slikkedag	75
Slikkedag 2	80
Smertedag	99
Smid ud-dag	90
Smil gennem tårer-dag	397
Smiledag	64
Sommerdag	239
Sorgdag	435
Sort dag	243
Sorteringsdag	161

Sorteringsdag, 2.	163	Temadag	179
Sottedag	170	Tilbageerobringsdag	37
Sovedag	66	Tilgivelsesdag	120
Spejderdag	88	Tivolidag	211
Spirituel dag	231	Torvedag	223
Standarddag	442	Tox-dag	39
Stenalderdag	228	Tudedag	19
Stenalderdag 2	253	Tvivledag	450
Stilledag	418	Tycho Brahe-dag	225
Stilledag 2	419	Tågedag	178
Stilledag 3	420		
Stilledag 4	421	**U**	
Stop dig selv-dag	83	Udflytningsdag	113
Store bededag	172	Udgivelsesdag	362
Strikkedag	23	Udmattelsesdag	430
Suppedag	41	Udvidelsesdag	164
Suppedag 2	240	Umådeholdsdag	129
Surmuledag	386	Underdag	35
Svedens dag	152	Undskyld-dag	58
Svigerdag	196	Uspirituel dag	410
Sygedag	393		
Syngedag	189	**V**	
Søgnehelligdag	191	Valentine's day	61
Søndag	32	Valgdag	373
Sårskorpedag	478	Vandedag	218
		Vaskedag	104
T		Vegansk dag	291
Taknemmelighedsdag	91	Vejedag	475
Tanddag	437	Velfærdsdag	341

Velmagtsdag   258
Vennedag   21
Ventedag   252
Vidunderdag   390
Viljedag   264
Vindens dag   81
Vinterdag   18
Voodoo-dag   371

Y
Yogadag   131

Ø
Ønskedag   13
Øv-dag   166
Øv-dag, extended version 168

Å
Åbningsdag   102
Årets første sommerdag 187
Årsdag   111